직장인
회사 사용설명서

직장인
회사 사용설명서

초판 1쇄 인쇄 | 2018년 2월 21일
초판 1쇄 발행 | 2018년 2월 28일

지은이 | 최창기
펴낸이 | 박영욱
펴낸곳 | (주)북오션

편　집 | 허현자 · 김상진
마케팅 | 최석진
디자인 | 서정희 · 민영선

주　소 | 서울시 마포구 월드컵로 14길 62
이메일 | bookrose@naver.com
네이버포스트 : m.post.naver.com ('북오션' 검색)
전　화 | 편집문의: 02-325-9172　　영업문의: 02-322-6709
팩　스 | 02-3143-3964

출판신고번호 | 제313-2007-000197호

ISBN 978-89-6799-358-0 (03320)

이 도서의 국립중앙도서관 출판예정도서목록(CIP)은 서지정보유통지원시스템
홈페이지(http://seoji.nl.go.kr)와 국가자료공동목록시스템
(http://www.nl.go.kr/kolisnet)에서 이용하실 수 있습니다.
(CIP제어번호: CIP2018002618)

최창기 지음

직장인
회사 사용설명서

-10년 차 최 과장의 직장생존기-

북오션

나는 회사를
제대로 사용하기로 했다

    기나긴 취업준비 과정을 거쳐 드디어 회사에 입사한다. 하지만 어렵게 입사한 직장인의 꿈은 '퇴사'이다. 그도 그럴 것이 '월화수목금금금'을 넘어 퇴근 후, 주말까지 '로그온' 상태여야 하는 직장생활은 소모적이다. 그뿐인가. 여기저기서 들려오는 경기침체 지표들은 불안한 직장인의 어깨를 더욱 무겁게 짓누른다. 청년실업, 만성적인 저성장, 인구절벽, 구조조정……. 불안을 자극하는 뉴스들은 식상할 정도로 언론에 자주 등장한다. 반가운 뉴스라고는 찾아볼 수 없는 시대, 불안과 우울은 지병이 됐다.

    힘들게 뽑힌 신입사원부터 경험이 풍부한 50대까지 직장에서 퇴출당한다. 대한민국 제도권 속에서 주어진 단계를 충실히 이행하며 살아온 사람들은 치열한 학창시절을 지나 혹독한 직장생활을 거치며 명예퇴직으로 이어지는 수순을 밟는다. 그마저도 운이 좋은 경우다. 혹자는 직장생활이 '전쟁'이라면 직장을 벗어난 사회는 '지옥'이라고 말한다. 다니고 있는 직장에서 무조건 버티고 살아남아야 한다고 조언한다. 아니 살아남는 자가 강한 자라는 말로 사내 생존을 강조한다. 먹고사는 문제가 우선이라지만, 회사에 목이 매여 하루하루 버티며 살아가는 직장인의 모습은 서글프다. 힘들고 어려울 때일수록 스스로에게 질문을 던져보자. 나는 어떤 직장인이기를 원하는가.

나는 10년간 직장생활을 하면서 고민하고 경험한 내용을 나누기 위해 글을 쓰기 시작했다. 그동안 회사가 원하는 인재상의 모습에 나를 맞추려고 노력했다면 앞으로의 10년은 내 안의 보물을 발견하고 외풍에도 흔들리지 않는 사람이 되고 싶다는 간절한 바람이 원동력이 됐다. 자기계발서적만 읽으며 회사의 기준에 나를 맞추려고 했던 기억들, 어떻게 하면 일을 잘할 수 있을지 고민했던 순간들을 떠올리며 매일 조금씩 글을 썼다. 책 속에 등장하는 대리, 과장, 차장, 부장, 상무는 실재하지는 않지만 주변에서 흔히 볼 수 있는 인물들을 재구성한 수많은 '나'의 과거, 현재, 미래의 모습이다.

직장인은 고용주와의 계약에서 발생된 효력에 의해 매일매일 사용되고 있다. 자신의 의지와 상관없이 직장에서 주어진 일을 처리해야만 한다. 울며 겨자 먹기로 버티기만 할 것인가. 혹은 회사에서 내세우는 이상적인 인재상에 나 자신을 맞추며 급급해하고 살 것인가.

직장에서 나오고 싶지만 나올 수 없는 현실, 직장에서 나와도 무엇을 하고 먹고살아야 하는지 고민조차 할 시간이 없는 지금이야말로, 한 번쯤 제대로 일하고 성장하며 반드시 나만의 필살기를 갖추어야 하는 최적의 시간인지 모른다.

직장인은 회사와의 계약관계에 의해 사용된다. 하지만 반대의 관점에서 바라보자. 직장인이 회사를 사용할 수도 있지 않은가. 주체만 바꾸면 문장에서 사용대상이 바뀐다. 능동적 사고는 행동을 바꿀 수 있는 불씨가 된다. 회사에 대한 관점을 바꾸면 회사에 끌려가지 않고 내가 주도할 수 있다.

회사를 제대로 사용하면 나의 가치를 높일 수 있고, 직장에서 인정받을 수 있다. 회사를 사용하는 방법은 생계를 유지하기 위해, 전문역량을 높이기 위해, 정년퇴직하기 위해, 임원이 되기 위해, 인맥을 넓히기 위해, 커리어를 개발하기 위해, 창업을 준비하기 위해 등 무궁무진하다. 주어진 일에만 파묻혀 같은 일상을 반복하는 직장인보다 자신의 꿈과 목표에 맞게 직장을 사용하는 직장인의 미래는 밝다.

이제 회사를 제대로 사용하기로 마음먹었다면 지금까지 했던 일과 앞으로 해야 할 일을 새롭게 정의해보자. 한없이 무겁기만 했던 출근길에서 조금은 가벼워진 나 자신을 발견하게 될지도 모른다. 자신의 가치를 주도적으로 높일 줄 아는 직장인만이 회사를 넘어 완전한 독립체로 성장할 수 있다.

미생을 넘어 완생을 꿈꾸는 모든 직장인의 건투를 빈다.

최창기

차례

••• Part 1 •••

출근길에도
인생의 나침반이
필요하다

01

올해 당신의
직장생활 목표는
무엇입니까?

뚜렷한 목표 없이 직장생활을 하는 것은
과녁 없는 곳에 화살을 쏘는 것과 같다.
_브라이언 트레이시

입사 후 목표가 사라지는 대한민국의 직장인들

"회사에 뼈를 묻겠습니다."

"무슨 일이든 최선을 다하겠습니다."

"임원이 되는 게 꿈입니다."

"회사와 끝까지 함께 하겠습니다."

면접장에서 자주 등장하는 대답이다. 나 역시 입사할 때 별반 다르지 않았다. 최선을 다해 한 몸 바치겠다는 마음을 어떻게든 입사하고 싶은 회사에 표현하고 싶었다. 구직자 입장에서 목표는 오직 취업이다. 그렇다면 합격한 후 직장에서의 목표는 무엇일까.

회사에 입사하면 최소한 임원은 돼야겠다고 생각했다. 한 번 사는 인생, 몸담은 조직에서 최고의 자리에 오르고 싶은 욕망은 당연하다. 성공한 사람들의 이야기를 보면서 그들의 성공비결이 무엇인지 연구했다. 어설프게 그들의 비법을 벤치마킹했다. 성공에 관련된 자기계발, 처세술, 직무 관련 서적을 손에서 놓지 않았다. 한 해, 두 해 시간이 지날수록 매너리즘이 찾아왔다.

성공을 떠나 근원적인 질문을 나 자신에게 하기 시작했다. 정말로 내가 원하는 것은 무엇인가. 만약 임원이 된다면 무엇을 할 것인가. 임원이 되려는 이유는 무엇인가. 임원을 언제까지 할 수 있을까. 질문에 제대로 답을 할 수 없었다. 직장생활에 적응하고 시간이 지나면서 내가 하고 싶은 일이 무엇인지 생각하기 시작했다. 어떻게 하면 전문성을 높일 수 있을지, 가치를 만들어낼 수 있을지 고민했다. 무엇이 되겠다는 목표보다 어떤 가치를 만들어낼 수 있을까에 초점을 맞췄다.

우리 사회에서는 학교를 졸업하면 취업을 하고 회사를 다니는 수순을 당연하게 여긴다. 하지만 입사 후 직장인들은 목표를 설정하는 것에 큰 관심이 없다. 입사만 하면 최소한 몇 년간은 문제없이 다닐 거라는 막연한 믿음 때문일까. 혹은 이제 자신의 일용할 양식을 구할 수 있는 최소한의 안전지대에 들어왔으니 좀 더 지켜보자는 여유가 생긴 것일까.

생각이 바뀌면 직장이 바뀌고, 내가 살아가는 세상도 바뀐다

동료들과 지인들에게 물어보았다.

"회사를 다니면서 목표가 있습니까? 목표가 무엇인가요?"

대답은 다양하다.

"당연히 정년퇴직이 목표죠."

"특별한 목표는 없어요."

"임원이 되는 게 목표입니다."

"글쎄요…… 회사에서 나가라고 할 때까지 버텨야죠."

"아이들 대학 등록금 받을 때까지 다니면 좋겠어요."

"목표요? 그냥 먹고 살기 위해 다닙니다."

답변을 살펴보니 제대로 된 목표라고 할 수 있는 것이 없었다. 있더라도 생계수단, 승진 정도의 목표가 다였다.

치열한 경쟁을 뚫고 임원이 된 신 상무의 이야기다. 신입사원 시절 신 상무의 출근길은 매일 아슬아슬했다. 유독 아침잠이 많은 그는 아내가 깨우지 않으면 일어나지 못할 정도였다. 매일 아침 출근 시간을 몇 분 남겨놓지 않고 허겁지겁 사무실로 뛰어 들어왔다. 사원, 대리를 거치는 동안 습관은 바뀌지 않았다. 그 당시 그는 회사에 대한 애정도, 특별한 목표도 없었다. 직장은 그저 적절히 일하며 월급을 받는 곳이라고 생각했다.

신 상무가 바뀌기 시작한 것은 과장이라는 직급을 달고 시간이 조금 지났을 때였다. 과장이 되어서도 그는 회사와 직원은 철저하게 계약관세 그 이상도, 그 이하도 아니라고 여기고 있었다. 그러던 어느 날, 그는 회사로부터 많은 것을 받고 있다는 사실을 깨달았다. 월급은 물론 4대 보험, 사회적 지위 등 당연했던 것들이 새롭게 보였다. 그는 서서히 회사와 자신을 하나로 인식하게 되었다.

생각의 변화는 업무성과로 나타났다. 신 상무는 그때부터 선명한 목표를 정했다. 첫째, 팀의 리더가 되자. 둘째, 회사의 임원이 되자. 확실한 목표를 정한 뒤 행동에 조금씩 변화가 생겼다. 마음자세가 바뀌면서 몸의 변화는 자연스럽게 따라왔다. 출근시간에 딱 맞춰오는 습관은 자연스럽게 바뀌었다. 일찍 자고 일찍 일어나는 습관이 생겼다. 그는 남들보다 한 시간씩 일찍 출근해서 일과를 계획하고 업무를 시작했다. 그러자 그동안 보이지 않던 업무들이 눈에 들어왔다. 업무 성과도 서서히 동료들을 앞질렀다. 주어진 업무뿐만 아니라 조직에 기여할 수 있는 일을 스스로 찾아서 해결했다. 치열하게 노력한 끝에 그는 임원이 되었다.

김 대리는 입사 5년차다. 그에게서 입사 초기 열정과 에너지가 가득했던 모습을 찾아보기가 어렵다. 무슨 일이든 적극적으로 임하고 배우려는 자세도 없어졌다.

김 대리의 가장 큰 고민은 회사에서 눈에 보이는 목표가 없다는 점이었다. 그는 평소 친분이 있던 홍 과장에게 찾아가 조언을 구했다. 홍 과장은 우선 1년, 3년 단위의 목표를 만들어보라고 권유했다. 김 대리는 며칠 뒤 홍 과장을 찾아갔다. 홍 과장의 조언을 듣고 자신의 진로와 비전에 대해 심각하게 고민해보고 나서 목표를 세

웠고, 지금 자신이 맡은 직무에 전문성을 쌓아서 전문가로 성장하고 싶다고 했다. 김 대리의 얼굴이 이전보다 훨씬 밝아졌다. 자신이 최소한 걸음을 내딛을 방향이 어디인지 알고 있기 때문이다.

직장생활은 우리 삶에서 많은 시간을 차지한다. 직장은 무엇인가. 주어진 업무만큼 일해주면 월급을 받는 곳이라고 생각하는가. 하루하루를 보낼 직장을 단순히 그런 곳으로 인식한다면 지금의 모습과 1년, 3년, 10년 뒤 자신의 모습은 큰 차이가 없다. 어제와 같은 생각으로 일을 한다면 내일의 당신은 오늘의 당신과 별반 차이가 없을 것이다. 하루가 쌓여서 한 달, 한 달이 쌓여서 1년이 된다. 회사를 다닐 때 자신만의 확실한 목표를 가지고 행동으로 옮긴다면 말 한 마디, 행동 하나가 달라진다. 자신의 목표를 고려하여 업무우선순위를 정하게 되고, 필요한 역량을 키우고, 관련된 사람을 만나기 때문이다.

내일, 1년 뒤, 10년 뒤 당신은 어떤 삶을 살고 싶은가?

—

세계적인 동기부여가 브라이언 트레이시는 "성공한 사람들은 처음부터 가슴속에 큰 꿈을 품고 있었다. 목표를 설정하지 않는 사람들은 목표를 뚜렷하게 설정한 사람들을 위해 일하도록 운명이 결정된다"고 말했다.

자신만의 목표를 설정하는 일은 직장에서 성과를 달성하는 것만

름이나 중요하다. 목표가 반드시 직장과 연관되어야 하는 것은 아니다. 당신이 진정으로 바라는 삶은 무엇이며 그 삶을 이루기 위해서는 무엇을 해야 하는지 생각해보자. 꿈꾸는 삶을 실현하기 위해서 당신은 기술을 배우고 사업을 해야 할 수도 있다. 직장에서 받고 있는 월급이 생계수단으로만 활용될 수도 있다. 현재 다니고 있는 직장에서 경력을 쌓아 조건이 더 좋은 곳으로 이직하는 것이 목표일 수 있다. 창업을 위한 인적 네트워크를 쌓는 것을 목표로 삼을 수 있다. 팀장, 임원을 꿈꿀 수도 있다. 굳이 승진이 아니라 후배들에게 사랑받는 선배가 되고 싶을 수도 있다. 목표가 될 수 있다면 무엇이든 좋다. 자신만의 목표를 세우고 직장을 다니는 사람과 목표 없이 주어진 임무에 따라 움직이는 사람의 차이는 크다.

성과를 잘 내는 사람들에게 목표가 무엇인지 물어보자. 분명 마음 깊숙한 곳에 확실한 목표가 있을 것이다.

소박하고 작은 목표도 좋다. 오늘부터 자신만의 목표를 세워보자. 직장생활이 달라질 것이다.

02

당신이 진짜로 원하는 것

진정한 마음의 평화를 얻고자 한다면 자신이 원하는 일을 해야 한다. _에이브러햄 매슬로우

야근하기도 벅찬데, 미래까지 계획해보라고?

누구나 처음부터 자신이 무슨 일을 잘하는지, 무엇을 하고 싶은지 알 수 없다. 사람들은 대부분 어쩌다 보니 우연한 기회에 지금 자신이 하는 일을 하고 지금까지 그 일을 하고 있다.

나 역시 마찬가지다. 취업을 준비할 무렵 막연히 대기업에 취직해야겠다는 생각에 필요한 스펙들을 쌓는 데 몰두했다. 어떤 삶을 살고 싶은지, 어떤 일을 하고 싶은지 깊이 고민하지 않았다. 솔직히 그런 고민을 해야 하는지조차 몰랐다. 학업을 마치면 당연히 회사에 들어가야 하는 줄 알았다. 다양한 일을 경험하지도 않았다. 책이나 신문을 통해 내가 모르는 일에 간접적으로 접해봤을 뿐 직

겁 해본 일은 별로 많지 않았다. 주변을 둘러봐도 사정은 비슷했다. 취업을 준비하는 사람들은 자신이 입사하고 싶은 기업에 들어가서 그곳의 인재 상에 스스로를 맞추려고 했다.

결국 입사하고 얼마 되지 않아 나는 매너리즘에 빠졌다. 고민 끝에 나는 내 인생관에 좀 더 부합할 수 있는 생활이 가능한 직장으로 옮겼다.

진로에 대한 고민은 학창 시절에만 하는 줄 알았다. 사회에 나와보니 무엇보다 중요한 것은 '진로 문제'였다. 나 자신이 무엇을 원하는지, 내가 원하는 삶의 방향에 조금이라도 가까운 일을 깨닫고 찾는 일이 무엇보다 중요하다고 느끼기 시작했다.

사회초년 시절, 나는 직장에서 오랫동안 근무한 선배 직장인들의 진로가 궁금했다. '저분들은 무슨 생각으로 회사를 다니며 조직에서 목표와 성장경로는 어떻게 계획하고 있을까?' 가볍게 차를 마실 때 혹은 회식자리에서 조심스럽게 물어보았다.

"버틸 때까지 버티는 게 목표다."

"편한 부서에서 근무하고 싶다."

"애들 학자금 받을 때까지 다니면 소원이 없겠어."

돌아오는 대답을 듣고는 맥이 빠지고 말았다. 선배들의 대답 이면에는 조직에서 최대한 오래 살아남고 싶다는 마음뿐, 어떠한 지향점이나 목표가 보이지 않았다. 당시 사회초년생이었던 나는 임원이 되고 싶다거나 독립해서 자기 사업을 꾸린다거나 하는 거창한 목표를 듣고 싶었는지도 모른다.

연차가 쌓이면서 요즘 나는 그 당시 선배들에게 했던 질문을 후배들에게 받고 있다.

"과장님, 직장에서 혹시 어떤 목표를 가지고 계십니까?"

"과장님의 'Plan B'가 궁금합니다."

"직장생활에 대해서 어떻게 생각하시나요?"

"회사 말고 다른 걸 준비해야 한다면 무엇이 좋을까요?"

나 역시 질문에 대해 명쾌하게 답힐 수 없었다. 아지도 시행착오를 겪고 있으며, 주어진 일을 하면서 무언가를 해야겠다는 막연한 생각만 하고 있을 뿐이다. 직장인들은 대부분 회사 일에 치이고 바쁘다는 핑계로 미래에 대한 생각을 할 여유가 없다고 한다. 전쟁터 같은 직장에 출근해 큰일 없이 하루를 보내는 것이 일상이 되어간다. 발등에 떨어진 일을 해내기도 벅찬데 1년 뒤, 5년 뒤, 10년 뒤 미래의 모습을 그려보는 작업은 사치로 여겨질 수도 있다.

내 인생에서 가장 큰 관심사는 '나 자신'이어야 한다

회사는 수익성 악화와 생존을 이유로 구조조정을 실시한다. 그 여파로 함께 근무하던 동료들은 짐을 싸서 회사를 떠난다. 자의든, 타의든 떠나는 동료들을 보며 남은 자들의 고민은 더욱 커져간다. 떠난 자들의 일을 받아서 예전보다 바빠진 업무, 언젠가 자신도 퇴출 대상자가 될 수 있다는 생각은 불안을 더욱 부추긴다. 불안감은 매순간 찾아온다. 조직의 미래에 대한 불확실성, 이익만을 추구할 수밖에 없는 회사의 본능은 직장인의 숨통을 조여온다. 나는 무엇

나의 내면에 집중하고 목표를 세우고 발걸음을 디뎌보자. 그 길은 분명 밝고 넓은 미래로
향한 길일 것이다.

을 원하는가. 나 자신에게 질문을 던져보자.

20~30대 젊은 직장인은 향후 10년, 20년 동안 회사에 대한 비전, 불확실한 미래를 떠올린다. 불안을 느끼면 부서 이동 및 이직을 포함한 새로운 경력개발의 대안을 찾는다. 40대 직장인은 아래에서 치고 올라오는 후배들의 등쌀을, 위에서는 임원들의 눈총을 받는 중간관리자들이나. 그들은 조직에서의 자리매김, 최대한 오래 버틸 수 있는 방법을 고민한다. 50대는 최대한 버틸 수 있을 때까지 버티자는 생각이 지배적이며 퇴직 이후의 준비되지 않은 미래에 대해 걱정한다.

나이별로 고민의 깊이와 색깔은 확연히 차이가 난다. 직장인들은 구조조정이라는 큰 폭풍을 겪으며 마음의 고삐를 다시 조여 맨다. 자신이 가야 할 길에 대해 깊이 생각하게 된다. 회사 일에 더욱 매진하는 조직형 인간이 되거나, 자신의 생존무기를 개발하기 위해서 불철주야 노력을 하거나 전문 자격증을 준비하기도 한다. 자신이 지금 하고 있는 일이 정말 잘할 수 있는 일이 될 수도 있다.

지금까지 당신이 했던 일 중 가장 재미있고 보람을 느낀 일은 무엇인가? 스스로에게 물어보자. 일하고 있으면서도 일한다는 느낌 없이 순간적으로 몰입되었던 일이 무엇이었는지, 나는 어떤 일에 흥미를 느끼며 남들보다 더 잘할 수 있는지 깨닫는 일은 굉장히 중요하다. 100세 시대를 넘어 150세 시대라는 말이 나온다. 한 사람이 일생 동안 3~4개의 직업을 갖게 되는 사회가 되어가고 있다.

가장 늦게 취업하지만 가장 일찍 퇴직하며, 가장 먼저 출근하지

민 가장 늦게까지 일해야 하는 대한민국 직장인의 모습은 누구도 부인할 수 없는 우리의 현실이다. 오래 일하기 위해서는 무엇보다도 그 일에 재미를 느껴야 한다. 오직 돈을 벌기 위한 목적으로 일을 한다면 하루하루를 즐겁게 보낼 수 없다. 누군가의 답을 기다리기보다 스스로에게 끊임없이 묻고 자신을 발견해야 한다.

세계적 투자자 짐 로저스(Jim Rogers)는 자신이 좋아하는 일을 찾는 법에 대해 이렇게 조언했다.

"당신이 여가시간에 무엇을 하는지 잘 관찰해봐라. 평소에 자연스럽게 손이 가는 책과 잡지, 신문기사, TV 프로그램이 바로 당신이 좋아하는 분야다. 멀리서 찾을 필요 없다. 당신이 좋아하는 것은 주변에서도 쉽게 찾을 수 있다."

일을 시작할 때 여건이 된다면 자신이 인생에서 추구하는 가치와 목표가 무엇인지, 일을 통해 무엇을 얻고 싶은지 확인하는 것은 꼭 필요하다. 물론 생계가 급해서 어쩔 수 없이 자신에게 맞지 않는 일을 하는 경우도 있을 것이다. 이 경우가 아니라면 곰곰이 생각해보자. 과거와 달리 조직이 시키는 대로 일을 하는 직장인의 비율이 점점 줄어들고 있다. 현재의 행복을 중시하는 욜로세대, 워라밸(Work & Life Balance, 일과 삶의 균형)을 중시하는 밀레니얼세대(1980년부터 2000년대 초반 출생한 세대)의 등장은 이전과 다른 기업의 조직문화를 요구한다. 일 자체가 곧 삶이라는 것을 깨닫고 일 속에서 삶의 의미를 찾으려는 사람들이 많아지는 까닭이다.

삶에서 일은 곧 나 자신이며, 나를 나타내는 정체성이다. 내면의 목소리에 귀를 기울이고 당신이 가고자 하는 방향으로 이정표를 세워보자. 오늘도 관성처럼 일터를 향해 출근하고 있다면 마음속에서 정지 버튼을 눌러보자. 잠시 멈추고 생각하라.

당신은 진정 무엇을 원하고, 어떤 삶을 살고 싶은가?

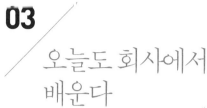

03

오늘도 회사에서 배운다

배움은 멈추지 말아야 한다. 날마다 한 가지씩 새로운 것을 배우면 경쟁자의 99퍼센트를 극복할 수 있다. _조 카를로스

월급 받는 만큼만 일하면 될까?

끝나지 않을 것 같았던 긴 취업터널을 뚫고 입사하여 이제 열심히 일만 배우면 되겠다고 생각했다. 나의 환상이 깨지는 데 그리 많은 시간이 걸리지 않았다. 회사에서 요구한 최소한의 영어성적으로 입사했는데 영어를 자주 사용하는 부서에 배치된 것이다. 문서는 영어 반, 한글 반이었다.

입사하고 얼마 되지 않은 무렵, 신입사원을 격려하는 식사자리가 있었다. 자리가 마무리될 무렵 상무님이 한 말씀 하셨다.

"우리 팀은 외국인과 영어로 소통하는 상황이 많습니다. 영어구사능력은 기본이고, 시간이 되면 제2외국어 하나씩 준비해두세요."

심지어 상무님은 팀원 외국어 역량 강화차원을 이유로 외국인을 팀에 영입했고, 일주일에 한 번 수요일은 팀 회의를 영어로 진행한다고 선포했다.

영어회화에 준비가 안 된 나는 비상이 걸렸다. 당장 회사에서 하는 영어회화 수업 외 별도로 영어학원도 다녔다. 반면 어학연수와 학원수강으로 탄탄히 무장한 동기들의 영어회화 실력은 뛰어났다. 부러웠다. 영어뿐만이 아니었다. 영어회화부터 업무지식, 직장생활 예절 등 익혀야 하는 게 한두 가지가 아니었다. 매일 업무를 끝나고 학원으로 다시 출근하는 힘든 여정을 반복했다.

회사에 들어가면 모든 것을 걸고 회사를 위해 한 몸 바쳐야겠다고 마음먹은 터였다. 하루하루가 어떻게 지나갔는지 정신없었지만 오래전부터 내면에 자리 잡고 있던 스스로에 대한 믿음은 어려운 직장생활을 긍정적으로 바라볼 수 있게 만든 버팀목이 되었다.

'회사에 가면 월급도 받지만 일도 배우면서 스스로 성장할 수 있다.'

'회사에서 주어진 일만 하지 말고 일을 찾아서 성과를 내자.'

'성과를 내면 보람을 느끼고, 하루하루 재미있을 것이다.'

'수동적인 자세보다 능동적인 자세로 헤쳐나가자.'

선배들은 직장생활에 대해 이렇게 이야기했다.

"일한 만큼 월급 받으니까. 월급만큼만 일하면 된다."

"많이 일한다고 인정받는 건 아니야."

일도 배우면서 논도 벌 수 있는 곳

—

나는 입사 전부터 '직장형 인간'을 지향했다. 직장은 돈도 벌 수 있고 일도 배울 수 있는 곳이라 믿었기에 선배들의 말에 신경 쓰지 않았다. 시간이 지나도 회사에서 돈도 벌고, 일도 배울 수 있다는 믿음은 변하지 않았다. 1석 2조의 선순환 사이클이 잘 돌아가면 한 분야에서 경력도 쌓고 전문가로 성장할 수 있다고 생각했다.

궁금했던 직장생활이 첫 출근 이후부터 하나씩 밝혀졌다. 우리 팀이 어떤 일을 하며, 돈은 어떻게 벌고, 조직은 어떻게 굴러가는지 조금씩 알아갔다. 돈도 벌고 일도 배울 수 있다는 믿음은 직장의 업무지식을 스펀지처럼 빨아들이게 만들었다.

영어회화에 대한 직장의 압박은 나를 발전시켰다. 한편으로 직장은 영어를 공부할 수 있는 최고의 환경을 제공했다. 사내, 사외 영어강좌, 온라인 수업 그리고 영어회의 진행, 심지어 외국인 동료까지 생기면서 영어를 공부할 수 있는 환경은 자연스럽게 만들어졌다.

내심 직장이 고마웠다. 월급을 받고 일을 해야 하는데, 회사에서 오히려 비용을 들여가며 영어학습 환경을 제공해주니 이것도 직장에서 얻을 수 있는 좋은 기회라고 생각했다. 배짱과 철판을 무기로 외국인들에게 영어를 배워가니 자신감도, 점수도 올라갔다. 회사에서 제공되는 모든 것은 나에게 기회이자 배움의 장이었다. 그동안 회사에서 배운 걸 떠올리니 적지 않다.

- 영어 회화
- 설득력 있는 문서 작성
- 고객사 발굴방법
- 보고서 작성방법
- 상사에게 보고하는 방법
- 엔지니어링 사업의 이해와 수익구조
- 공작기계 사업의 이해와 수익구조
- 발표 잘하는 방법
- 행사진행 노하우
- 존경받는 리더가 되는 법
- 후배사원 육성하는 법
- 인맥관리 노하우
- 술자리에서 오래 살아남기
- 사내 정치의 중요성
- 협업
- 효율적으로 일하기
- 이메일 작성하는 방법
- 6 sigma
- 상대를 설득하는 방법
- 자기관리 비법
- 호감을 주는 방법
- 다양한 직무경험
- 적을 만들지 않는 방법

- 나의 꿈에 대한 고찰
- 효과적인 시간관리
- 전문성이 필요한 이유
- 인사평가 잘 받는 노하우
- 나를 돌아볼 수 있는 시간
- 나의 장점과 단점에 대한 성찰
- 직장에서 살아남기 위한 방법 100가지
- 임원의 특징

이 외에도 직장에서 배운 점은 수백 가지다. 직장에서 여러 가지를 배웠다고 생각하며 글을 쓰니 뿌듯하기도 하며 직장에 고맙기도 하다. 직장을 어떻게 바라보느냐에 따라 직장생활은 완전히 달라진다. 노동과 시간을 제공하고 대가를 받는 곳으로만 직장을 생각하면 지루하고 피곤해진다. 일을 하면서 배울 수도 있고, 돈도 받을 수 있는 곳. 직장을 보는 관점을 달리해보자. 힘든 일이라 하더라도 오늘의 직장은 나의 경험과 배움을 축약한 내일의 경력 한 줄이 될 것이다. 고생한 만큼 역량 향상의 기회가 될 것이라는 생각을 하게 될 것이다. 그때부터 일을 찾아서 하는 능동성을 갖추게 될 것이다.

수동적인 자세로 직장을 다니고 있는가? 회사에서 배우고 있다는 생각을 해보자. 오늘도 나는 회사에서 배운다.

04

커리어 개발에
정답이 있을까

모든 것이 융합으로 이루어진다. 융합을
인정하고, 당신이 가진 여러 요소들을
융합하는 연금술을 찾아낸다면 멋진 삶
을 이끌어가게 될 것이다. _피벨 브룬

내가 부서를 자주 옮긴 이유

나의 왕성한 호기심은 다양한 직무를 연결됐다. 스티브 잡스
(Steve Jobs)가 진작 'Connecting Dots'라고 말하지 않았던가!
구매팀에서는 구매조직의 성과지표, 계약관리, 동반성장, 하도급법
을 비롯해 기획, 관리 업무를 배웠다. 1년 정도 일하니 조직이 어떻
게 움직이는지 흐름을 알 수 있었다.

숲을 보고 나서 나무를 깊게 보면 재미가 있을 텐데, 숲만 보니
나무가 궁금해졌다. 업무는 시간이 지나면서 숙달되지만, 채워지
지 않는 무엇이 있었다. 구매팀의 역할은 회사와 협력업체의 이익
사이의 적정한 지점을 찾아 균형적 의사결정을 하는 것인데, 담당

업체와 구매아이템민 다를 뿐 큰 틀에서 운영되는 구매원칙은 같다. 예측 불가능한 변수들을 고려하여 최적의 의사결정을 이끌어내는 구매는 충분히 매력적인 업무다. 시장의 상황, 경기의 흐름, 공장 생산 현황 등 운영 흐름을 꿰뚫고 있어야 회사에 이익이 되는 결정을 내릴 수 있다. 구매팀 업무를 통해 숫자에 밝아지고 모기업과 협력사의 상생(WIN-WIN)에 대해 깊이 이해할 수 있었다.

기회가 닿아 인사팀에서도 일할 수 있었다. 새로운 도전이라 생각하고 부서 이동을 결심했다. 또 다른 커리어의 한 페이지가 시작되었다. 사람과 조직은 오래전부터 나의 관심사 중 하나였다. 거대한 조직을 구성하는 기준, 사람을 뽑는 기준, 인사평가기준, 리더 육성방법 등 궁금한 점이 한두 가지가 아니었다.

인사팀은 직원들에 대한 방대한 정보와 자료를 다룬다. 직원들은 입사해서 퇴사하는 순간까지 인사팀의 직·간접 도움을 받게 된다. 인사팀은 직원들의 개인정보를 다루다 보니 보안의식이 철저히 요구되는 조직이다. 회사에 대한 높은 애사심을 바탕으로 직원들이 회사에서 탁월한 성과를 낼 수 있도록 제도를 개선하고 지원하는 미션을 가지고 있다. 주어진 일만 하기보다 조직에 필요한 일을 찾아서 해결하는 팀 분위기는 주도적인 마인드를 키우기 좋은 환경이었다. 회사와 직원 사이, 이상과 현실 사이 고민도 있었지만 문제를 해결하면서 시야를 넓힐 수 있었다.

인사업무를 하면서 가슴 한구석에 현업에 대한 갈증이 생겼다. 기계회사에서 일하면서 기계에 대해서 잘 알지 못한다는 점은 하지 못한 숙제를 남겨둔 것과 같았다. 기계를 잘 몰라도 업무를 하는 데 큰 문제는 없었지만, 기계를 알면 접근할 수 있는 관점과 시야를 넓힐 수 있을 거라 생각했다. 지인들에게 물어보니 생산기술팀에 가면 현장과 기계에 대한 깊이 있는 경험을 할 수 있을 거라고 조언했다. 고민 끝에 팀을 이동하기로 마음먹었다.

생산기술 조립파트 담당자가 되자 날마다 새로운 업무를 경험하게 되었다. 생산현장 조직과 협업하면서 기계도 조립해보고, 품질문제도 해결하면서 기계에 조금씩 익숙해갔다. 수십 년간 축적된 조립기술을 단기간에 학습하는 것은 쉽지 않았다. 늘 공부해야 했다. 오랫동안 경험을 통해 노하우를 갖춘 책임감 있는 기술자들 덕에 회사 매출에 직접적으로 연관되는 기계조립은 물 흐르듯이 진행되었다. 기계 제조업 공장에서 생산성을 높이는 일은 공장 업무의 처음이자 끝이었다.

어떻게 하면 생산성을 높일 수 있을까. 생산성을 높이기 위해 내가 노력해야 할 부분은 무엇인가. 현재의 수준에서 한 단계 더 높이 올라가려면 무엇을 해야 하는가. 고민의 지향점은 다르지 않았다. 잘 만든 기계는 고객에게 인도 후 별 탈 없이 무소식이다. 하지만 품질이 떨어지는 기계는 고객에게 인도 후에 늘 말썽을 일으킨다. 고객을 중심에 놓고 판단하고 행동해야 한다는 생각은 하지만, 현실에서는 실행하기 쉽지 않다. 고객에게는 어떠한 변명조차 통하지 않는다는 걸 가슴에 새기고, 잘 만드는 방법밖에 없다. 현장에서 좌충우돌 부딪히는 생생한 경험을 통해 나 자신이 더욱 단단해지는 것을 느꼈다.

전문성의 핵심은 태도와 경험

10년간의 직장생활을 하면서 운 좋게도 해외사업, 혁신, 구매, 인사, 생산기술 직무를 경험했다. 물론 한 가지 직무를 10년, 20년 동안 할 수도 있다. 한 분야에서 오래 근무하면 남들보다 깊은 지식을 쌓을 수 있다. 하지만 한 분야에서만 오래 근무한다고 해서 전문성이 길러진다고 생각하지 않는다. 중요한 것은 일을 대하는 태도와 자세이다. 어떤 생각으로 어떻게 일하느냐에 따라 전문성과 역량이 달라진다. 여러 가지 직무를 경험하면 시야가 넓어질 뿐 아니라 어느 분야의 업무가 나 자신의 적성과 잘 맞고 내가 전문가가 될 수 있는지 알게 된다. 또한 복잡한 의사결정이 필요한 상황에서 회사의 입장에서 판단할 수 있는 힘을 길러준다.

미국의 변호사 마르시 앨보허는 '슬래시 효과'라는 개념을 얘기했다. 슬래시란 어떤 일을 하느냐는 질문에 대해 딱 한 가지만으로 답할 수 없는 현상을 말한다. 글로벌경영 환경에서는 과거처럼 자신의 모든 것을 하나의 커리어에 집중하기보다 자신의 여러 가지 커리어를 만들어가야 한다는 의미로 받아들일 수 있다. 자신이 무엇을 좋아하고 남들보다 좀 더 잘할 수 있는 분야가 무엇인지 확장해보는 것이다. 현재 하고 있는 일에서 다른 분야로 관심의 영역을 넓혀보자. 별도의 수입원을 창출할 수 있는 파이프라인이 만들어질지 모른다.

국내의 한 대기업은 집중적인 육성이 필요한 인재를 3~5년 주기로 관련 부서의 커리어를 쌓도록 인사를 진행한다. 리더 후보군으로 육성하여 회사의 주요한 포스트에 배치하기 위해서다. 복잡한 문제에 대해 최적의 의사결정을 끌어내야 하는 임원에게도 다양한 커리어의 경험은 중요하다. 회사는 복잡한 가치 사슬의 집합체이며, 회사의 이익을 극대화하기 위해서는 균형적이고 합리적인 의사결정이 필요하기 때문이다. 한 분야에 10년을 근무한다고 해서 전문가가 되는 것도 아니며, 1년만 근무한다고 해서 전문가가 되지 못하는 것도 아니다. 일을 하면서 얼마나 깊이 있게 고민하고, 어려운 문제를 해결한 경험이 있느냐가 핵심이다. 혹자는 전문가에 대해서 그 분야만 아는 사람이라고 꼬집기도 한다.

커리어개발 전문가인 숙명여대 박윤희 교수는 저서《커리어코칭 입문》에서 경력개발을 해야 하는 이유와 경력개발을 할 수 있는 환경에 대해서 다음과 같이 설명했다.

첫째, 고용주와 근로자가 이전과 다른 고용관계를 갖는다는 점. 평생 직장의 개념이 약화되면서 고용주와 근로자는 언제든지 필요하면 구조조정과 해고를 통해 관계를 청산할 수 있다.

둘째, 개인의 직장과 직업의 자유로운 이동. 개인은 자신에게 적합한 직업을 찾아 떠나는 전직을 통해 자유로운 이동을 추구한다.

셋째, 개인은 외적인 성공이 아니라 자아실현, 의미 있는 일 추구 등 직업에서 심리적인 성공에 집중한다.

넷째, 조직이 아닌 개인이 자신의 경력관리의 책임을 진다.

또한 박윤희 교수는 21세기 환경변화와 커리어 개발에 대해 이

렇게 조언했다

"위와 같이 환경이 변화되는 21세기에는 커리어 개발을 어떻게 해나가야 할까? 직업세계의 불확실성이 더욱 심화될 미래에는 직장에서 제공하는 금전적 보상이나 승진에만 의존하는 수동적 경력 개발이 아닌 심리적 만족과 성공을 위해 개인이 주도하는 경력개발 움직임이 더욱 활발해질 것이다. 즉 개인이 어떠한 노력을 하느냐에 따라 자신의 직업적 성공은 물론 삶의 행복이 가능할 수 있다는 것이다."

커리어 개발에 대해서 관심을 가지고 공부하는 자만이 자신의 길을 찾을 수 있다. 당신이 걷고 있는 길, 당신이 걷고 싶은 길이 있다면 주저하지 말고 도전해보자. 또 다른 당신의 잠재력을 발견할 수 있을지도 모른다. 20여 년 전 직장인들에게 자기계발의 지평을 열었던 변화경영연구소 구본형 소장은 '진정한 실업'에 대해 이렇게 정의했다. 이 말은 아직도 많은 직장인들에게 회자되고 있다.

"진정한 실업은 매월 받는 월급을 받지 못하는 것이 아니라, 자신이 가진 잠재력과 가능성을 자본화하지 못한 것이다."

05

당신을
움직이는 힘

기억하라. 인간 본성에서 가장 깊숙이 자리 잡고 있는 원칙은 인정받기를 갈구한다는 점이다. 이것이 동물과 인간이 구분되는 특성이다. _ 윌리엄 제임스

직장인의 운명을 좌우하는 인사평가

—

직장에 입사하면서부터 직장인은 평가를 받는다. 연차를 쌓고, 직급이 높아지면서 인사평가에 대한 생각도 달라진다. 평가를 하는 상사의 고뇌도 조금씩 이해하게 된다. 영원한 승자도, 영원한 패자도 없는 평가의 이중성에도 눈을 뜨게 된다. 직장인의 다른 말은 조직인이다. 직장인은 회사라는 조직에서 조직의 목표 달성을 위해 밤낮으로 일에 매진해야 될 계약적, 법률적, 도덕적 책임을 지니고 있다.

학교를 졸업하고 직장에 입사하면 직장인이 된다. 직장인은 회사의 철학과 비전을 배운다. 때가 되면 인사평가를 받는다. 인사평

가는 경쟁을 통한 효율성(생산성) 빛 수익증대에 목적을 둔 자본주의가 만들어낸 작은 장치다. 인사평가 메커니즘은 좋은 평가를 받기 위한 직원들의 마음 한구석을 움직여 열심히 일하도록 만드는데 그 목적이 있다.

직장에서 상사는 부하직원을 평가한다. 사람이 사람을 평가해서 점수를 부여하고, 등급을 만들어 보상에 반영하는 장치가 처음엔 동의하기 어려울 수도 있다. 인사평가는 1년간 직장에서 보여준 성과와 개인의 보유역량을 종합적으로 고려해서 이루어진다.

회사마다 차이는 있지만 인사평가의 본질은 다음과 같다. 임직원들의 성과와 역량에 비례한 차별적 보상을 통해 생산성 향상과 생존 경쟁력을 확보해 기업의 지속가능성을 높이는 수단·조직에는 평가의 최저등급과 최고등급이 항상 존재한다. 연봉과 성과급의 차이는 평가등급에 의해 결정된다.

대부분의 기업들은 유사한 형태의 평가제도를 채택하고 있다. 평가 결과는 직장인의 운명을 좌우할 만큼 절대적인 영향력을 지닌다. 회사의 경영이 어려운 시기에 구조조정의 기준이 될 수 있으며, 회사의 명운이 걸린 프로젝트를 수행하거나 중요 업무를 추진할 직원을 선발하는 데 참고자료로 사용된다. 인사평가결과는 매년 받아보는 직장인의 연말 성적표다.

"올해 인사평가는 잘 받을 거 같나요?"
"나는 뭐 보통일 거 같아."
"올해도 평가가 나쁘면 진지하게 고민해보려고요. 부서를 옮기든지 회사를 옮기든지 해야겠어요.”

“업무 진행방향에 대해 상사와 몇 번 이견이 있었는데 마음에 걸리네요.”

“올해 열심히 했으니 좋은 결과 나올 거야, 너무 걱정하지 마.”

인사평가가 다가오면 이런저런 이야기들이 오고 간다. 인사평가시즌에는 평가하는 상사도, 결과를 받아보는 부하직원도 괴로운 건 마찬가지다. 평가를 잘 받은 일부 직원을 제외하곤 평가결과를 두고 곤란한 상황이 종종 벌어진다. 평가결과를 받아들일 수 없다는 직원과 평가를 받게 된 이유를 설명하는 상사 사이에 언쟁도 벌어진다.

상사도 사람인지라 한 가지 항목만으로 직원을 평가하지 않는다. 아니 그렇게 평가할 수도 없다. 조직의 안정, 연공서열, 승진, 나이, 역량, 과거평가결과, 경력개발, 관계, 보이지 않는 조직공헌도를 고려해서 직원을 평가한다. 상사에게 인사평가는 상당한 에너지가 필요한 일이다. A를 승진시키자니 B가 눈에 밟히고, 업무 성과를 보면 C가 제일 우수하다. 우선순위를 어디에 두고, 평가할지는 상사의 몫이다. 훌륭한 인사평가는 회사의 인사정책과 상사의 가치관이 만나는 지점에서 완성된다.

물론 뒷감당도 상사의 몫이다. 보안과 비밀을 원칙으로 진행되는 인사평가에도 직장 내 비밀이 유지되기란 쉽지 않다. 평가받는 사람이 원하는 정보는 빠르게 유통된다. “○○○가 최고 등급을 받았더라”, “○○○는 역량이 떨어지는데 상사와의 친분으로 승진했더라” 등 검증되지 않은 소문은 순식간에 퍼져나간다. 회사는 인사평가를 통해 보상을 차등화하며, 역량이 낮은 사람은 역량을 높이도록 독려하고, 역량이 높은 사람은 더 높은 수준으로 올라가도록 격려하여 회사의 성과향상에 기여하도록 만든다.

당근과 채찍이 아닌 내재적 동기를 찾자

—

세계적인 미래학자 다니엘 핑크(Daniel Pink)는 TED 강연에서 '동기부여의 과학'과 관련해서 인센티브를 주제로 한 재미있는 실험을 소개했다.

프린스턴 대학에 소속된 과학자 샘(Sam)은 실험에 참가한 두 그룹의 사람들에게 다른 기준을 제시한다. 한 그룹에게는 문제를 얼마나 빨리 푸는지 측정하겠다고 하고, 다른 그룹에는 문제를 빨리 풀면 보상을 해주겠다고 했다. 놀랍게도 보상이라는 동기가 부여된 그룹은 다른 그룹보다 문제를 푸는 데 3.5분이 더 걸렸다.

상식적으로 생산성을 높이기 위해서는 일을 잘하는 사람에게 보너스, 커미션, 인센티브 등 보상을 해줘야 한다고 생각한다. 하지만 창의성이 발휘되어야 하는 문제에서 인센티브는 작동하지 않는다. 이 실험은 40년 동안 계속되었는데, 결과는 늘 같았다.

당근과 채찍을 사용하는 방식을 선호하는 동기부여가들은 이걸 하면 저걸 주겠다는 식으로 동기를 불어넣었다. 하지만 당근과 채찍의 동기부여 방식은 위험하다. 이 방식은 단순한 공식과 목표가 명확한 일에서는 효과적일 수 있지만, 사람의 시야를 좁히고 생각의 폭을 줄어들게 한다.

이제 새로운 변화가 시작되었다. 자동화, 외주생산이 활발해지면서 사무실에서 근무하는 화이트칼라들의 반복적이고 규칙적인, 좌뇌에 기인한 업무가 줄어들고 있기 때문에 기존의 당근과 채찍 방법은 잘 통하지 않는 편이다. 대신 우뇌에 기인한 창의적인 능력이 더 많이 요구되고 있다.

다니엘 핑크는 외적인 동기부여 요소, 즉 당근과 채찍의 인센티브 방식이 아닌 내재적 동기부여 요소에 주목해야 한다고 말한다. 그가 말하는 내재적 요소는 세 가지이다. 주도성, 전문성 그리고 목적성이다. 그는 주도성을 삶을 결정하고자 하는 자세, 전문성을 더 잘하고자 하는 욕망, 목적성을 무언가를 하고 싶은 열망으로 정의 내린다. 끝으로 사회과학에서 밝혀낸 동기부여의 메커니즘과 비즈니스에 통용되는 내용의 괴리를 줄여 21세기형 인센티브 방식을 만들어야 한다고 강조한다.

직장에서 당신을 움직이게 하는 힘은 무엇인가? 다니엘 핑크의 강연에 소개된 사례처럼 문제의 형태와 종류에 따라 다른 동기부여 요소가 필요하다. 당신이 가진 가치관과 처한 여건에 따라 당신을 움직이게 하는 힘이 다를 것이다.

대기업은 해체되고, 빠르게 분리되고 있다. 직원들의 일은 쪼개지고, 직접 생산보다 외주 생산의 비율은 어느 때보다 높아지고 있다. 다니엘 핑크의 얘기처럼 조직에서 단순·반복 작업은 어떤 형태로든 빠르게 줄어들고 있다. 인지능력과 창의력이 필요한 일들

당신의 정체성을 확립하게 하고 당신을 움직이게 하는 내면의 힘이 있다. 주도성·전문성·목적성이란 조각을 찾아 당신의 업무와 인생에 의미를 찾아라.

만이 조직에 남게 된다. 당신을 움직이게 하는 진정한 힘을 발견하라. 당신이 열광하고, 지치지 않고 계속할 수 있는 일을 찾아라. 당신을 성공으로 이끌 것이다. 이러한 종류의 일을 하는 사람의 가치는 빠르게 높아질 것이다.

••• Part 2 •••

직장에서 꼭
필요한 존재가
되고 싶다면

01

당신은 얼마짜리 일을
하고 있나요?

지식노동자에게 중요한 것은 능률이 아니라
목표달성 능력이다. _피터 드러커

업무에도 가격이 있다

김 차장은 오늘도 제일 늦게 퇴근한다. 저녁 10시 전 퇴근은 손
에 꼽을 정도다. 일을 해도 끝이 보이질 않는다. 김 차장의 늦은 퇴
근은 같은 팀 모두가 알고 있다. 김 차장은 회사에 가장 오래 남아
있으면서도 늘 일에 쫓겨 산다. 팀원들도 김 차장이 일이 많다는
걸 알고 있다. 하지만 시간이 오래 걸릴 정도로 어렵고 힘든 일이
아니라는 사실도 알고 있다. 김 차장의 일 역시 숙련도가 올라가면
쉽게 처리할 수 있는 일들이다. 그럼에도 불구하고 김 차장은 늘
납기에 쫓긴다. 결과 또한 좋지 않다. 안타깝게도 김 차장만 이러한
사실을 잘 모른다.

손 대리는 입사 5년차다. 입사하면서부터 맡은 일은 깔끔하고 신속하게 처리하는 습관으로 주변 동료들의 인정을 받았다. 상사에게 지시받은 일은 모든 방법을 동원해서 최대한 빠르게 처리했다. 일을 추진할 때도 상사와 회사의 관점에서 처리했다. 약속된 날짜보다 빠르게 일을 끝낸다. 업무성과도 동료들에 비해 뛰어나다. 선배들은 손 대리에게 중요한 일을 맡기기 시작했다. 손 대리는 실무자 단계의 일을 넘어 팀에서 해결하지 못한 고질적인 문제들을 해결했다. 연말 인사평가에서 손 대리는 동기들보다 훨씬 좋은 평가결과를 받았다.

아래 질문에 답을 해보자.
다음 중 가격이 가장 높은 일은 무엇일까?
① 기존 고객사 방문
② 신규 고객사 수주 상담 및 가격협상
③ 자료 취합 후 보고서 작성

주어진 상황과 조건이 같다고 가정했을 때 일의 가격이 높은 순서대로 나열하면 ②, ①, ③이다. 보는 관점에 따라 다를 수도 있지만 일의 종류별로 가격은 다르다.

가장 가격이 낮게 책정된 ③은 자료취합 후 보고서 작성이다. 직장인들이 자주 하고 있는 업무이기도 하다. 조직이 클수록 상급자에게 보고해야 하는 보고서가 많아진다. 하부조직에서 일어난 일의 진행성과에 대해 자료를 모으고 정리해서 보고서를 만드는 작업은 고부가가치의 일이 아니다. 자료의 단순 취합은 큰 고민 없이 모아서 정리하고 손보면 끝이다. 보고서 작성은 취합된 자료를 토대로 요약, 정리, 의미도출 단계를 거쳐서 작성하면 된다. 단순 현황보고라면 더욱 간단하다.(물론 CEO라인까지 보고되는 보고서는 조금 다를 수도 있다. 이 사례에서는 보편적이며 지속 반복되는 보고서를 지칭한다.)

①은 기존 고객을 대하는 업무다. 기존 고객이라 함은 이미 당사와 거래한 이력이 있는 업체를 의미한다. 기존 고객을 방문하기 위해서는 현재 고객의 경영현황 및 향후 전망을 먼저 조사해야 한다. 기존 고객을 만나서 이야기하다 보면 추가 수주까지 연결될 수 있기 때문이다. '면 대 면' 오프라인 미팅을 위해서는 용모도 단정히 해야 하고 태도, 커뮤니케이션 역량도 갖춰야 한다. 무엇보다 매출로 연결할 수 있는 포인트를 찾아내는 작업이 중요하다.

②는 새로운 고객을 대하는 업무다. 새로운 고객사와의 수주상담은 회사의 추가 매출 증대로 이어질 수 있는 1차 관문을 넘어서고 있다는 의미다. 고객사는 우리 회사에 관심을 보이며 견적을 요청했고, 담당자는 고객사를 방문하여 제품의 강점을 설명한다. 경쟁업체와 차별화되는 요소를 부각시켜야 하며, 방문 전에 경쟁업체 현황, 고객사 경영현황, 추가 발주 가능성 등을 파악해서 공략해야 한다. 용모, 태도, 커뮤니케이션 역량은 말할 것도 없다. 수주상담에 이어질 가격협상은 회사의 이익률에 영향을 미치는 중요한 자리다. 전략을 머릿속으로 그려가며 고객사와 가격협상을 진행한다. 수주 가능성이 높은 범위와 최대 이익 지점을 일치시키기 위해

고노의 전략과 실행력이 필요하다.

직장에서는 매일 다른 종류의 일들이 쏟아진다. 업무를 선택해서 하고 싶은 일에 최선을 다하면 좋겠지만, 현실은 그렇지 않다. 쉬운 일, 어려운 일, 가치 높은 일, 가치 낮은 일 등 모든 일들은 각각의 속성을 지니고 있다. 앞서 언급한 김 차장은 숙련도가 요구되는 업무를 하고 있다. 이런 형태의 일은 빠른 시간에 처리하고 조직에 필요한, 가격이 높은 일을 찾아서 해야 한다. 어려운 일을 맡아서 해결하다 보면 작은 일들은 알아서 처리되는 경우가 많다. 김 차장은 업무에도 가격이 있다는 개념을 알아야 한다.

손 대리는 직급에 비해 고부가가치의 일, 즉 비싼 업무를 하고 있다. 회사 입장에서 보면 손 대리는 투자대비 수익이 높은 직원이다. 일의 흐름을 잘 알고, 일의 부가가치에 대한 개념을 인지하고 있는 그는 빠르게 성장할 것이다.

당신이 회사에서 담당하는 업무는 얼마짜리인가? 스스로 생각해보자. 아무리 일을 많이 한다고 해도 쉽고 가격이 낮은 일은 인정받고 성장하기 어렵다. 조직에 기여도가 높으며 어려운 일을 맡아서 해결해야 자신의 몸값도 올라간다는 사실을 명심하라.

고부가가치의 일을 찾아내 직접 해결하는 힘
—

관리자 직급이 되기 전까지, 업무는 주로 상사로부터 주어진다.

주어진 업무를 어떻게 풀어나갈지, 누구와 협력할지, 아웃풋 이미지는 어떤 모습인지 생각하면서 추진한다. 낮은 직급일 때는 직접 일을 찾아서 하는 것이 쉽지 않다. 게다가 지시를 받아 일하는 구조 속에서 몇 년 동안 있다 보면 업무를 지시받는 것에 익숙해져서 자신도 모르게 수동적으로 변한다. 조직 속에서 학습화된 결과다. 하지만 직급이 올라갈수록 '일에도 가격이 있다'는 개념을 염두에 두고 일을 추진해야 한다. 즉 난이도와 가치에 따른 고부가가치의 일이 무엇인지 살펴보고 직접 해결해야 스스로 성장할 수 있다.

숙련도만 요구하는 낮은 가격의 일에서 벗어나 높은 가격의 일을 할수록 자신의 가치도 높일 수 있다. 사원, 대리 시절부터 주어진 업무에 충실하면서 시야를 넓혀 바라보자. 상사는 어떻게 일을 하는지, 어디에 관심이 있는지, 제일 중요하게 생각하는 것은 무엇인지 끊임없이 관찰해야 한다. 일 잘하는 상사의 관점을 내 것으로 만들어야 한다. 쉽고 간단한 일을 어렵게 하는 것보다 어려운 일을 쉽게 해결하는 상사의 노하우를 훔쳐라.

몸값이 높은 상사들은 회사에서 높은 가격의 일을 하고 있을 확률이 높다. 아니 높은 가격의 일을 하라는 의무가 주어져 있다. 그들의 공통된 특성을 파악하는 것이 중요하다. 그들은 단 한 가지 일이라도 최고의 가치를 만들어내기 위해 고민하고, 계획을 세우면 곧바로 실행한다. 복잡하게 얽힌 문제를 냉철하게 분석하고 오랜 경험을 바탕으로 일을 해결해나간다. 자신이 하고 있는 일이 어떤 의미가 있고, 조직에 어떤 영향을 주는지 정확하게 알고 업무를 추진한다. 당신이 이런 상사와 함께 일하고 있다면 대단한 행운이다.

해야 하는 일과 할 수 있는 일이 있다면 할 수 있는 일을 먼저 하는 것이 사람의 심리다. 해야 하는 일은 복잡하고 이해관계가 얽혀 있는 경우가 많고, 할 수 있는 일은 숙련도를 요구하는 일이 대부분이다. 따라서 어렵고 힘든 일은 자연스럽게 뒷전으로 밀린다. 이 점을 잘 인지해야 한다.

당신이 하고 있는 일의 가격을 매겨보고, 직급과 연관해서 생각해보자. 지금 당신이 담당하는 업무를 나열해보고, 숙련도가 필요한 일과 전문성이 필요한 일을 구분 지어보자. 숙련도가 필요한 일은 최대한 집중해서 빨리 끝내고, 전문성이 필요한 일을 찾아내 직접 해결해보자. 이러한 태도를 갖추면 당신은 시간이 지날수록 자연스럽게 그 분야의 전문가로 성장할 것이다.

02

직장에서 합리적인 인간관계를 만들어낼 줄 아는 능력

타인으로부터 협업을 이끌어내는 능력이
야말로 최고의 역량이다. _데일 카네기

'신속한 일처리 강박증'의 비밀

인재라고 인정받는 직장인들의 특징이 있다. 그들은 상사에게서 지시를 받으면 최대한 빠르게 방법을 찾아서 제시한다. 상사는 부하직원의 빠른 일처리 능력을 보면 일단 안심한다. 그때부터 믿고 맡길 수 있는 사람이라 생각한다. 업무 능력을 두 번 세 번 검증하면서 신뢰는 깊어진다.

반대의 경우도 있다. 업무를 해결해야 하는 부하직원은 주어진 일을 최대한 빨리 처리해야 한다는 생각에 스스로 강박에 빠질 위험이 있다. 이런 현상이 지속되거나 업무가 많아지면 자기착취현상까지 보인다. 심할 경우 번아웃(Burn-out. 몸과 마음의 에너지가

고갈된 상태)으로 이어질 수 있다.

이 과장은 일이 생기면 바로 해결해야 하는 습관이 있다. 이러한 습관을 잘됐다거나 잘못되었다고 어느 하나로 평가할 수는 없다. 업무 혹은 상황에 따라서 장점이 될 수도, 단점으로 작용할 수도 있다. 그런데 이 습관은 어디서부터 만들어진 것일까?

개인적 특성에서도 찾을 수 있겠지만, 두 가지 측면에서 기인한다고 볼 수 있다.

첫 번째는 교육환경이다. 주입식 교육방법의 영향이다. 우리는 학창 시절부터 시험을 통해 문제가 주어지면 빠르게 답을 찾는 연습에 길들어 있다. 이러한 환경에서 성장하고 회사에 들어오다 보니 자기가 맡은 일을 빨리 해결하려 한다. 일이 진행되는 과정이 보이지 않으면 불안해한다. 하지만 이러한 불안감은 되레 일을 풀어가는 데 걸림돌이 되기도 한다.

이 과장은 업무를 맡긴 담당자들이 제대로 일을 처리하고 있는지 늘 확인하는 습관이 있다. 일이 잘 풀리지 않으면 이 과장은 직접 리스크를 체크하고 상황을 관리해야 직성이 풀린다. 이렇다 보니 일이 계획대로 진행되지 않으면 스스로를 괴롭힌다. 그는 협업을 할 때에도 자기 업무뿐 아니라 다른 담당자들이 맡은 업무도 체크한다. 이 과장의 머릿속에 구상한 기준과 다르게 진도가 느리거나 업무에 소극적인 사원들을 보면 속이 탄다. 왜 납기 내에 일을 하지 않는 것인지, 더 높은 수준으로 일을 처리할 순 없는지 궁금하다.

이 과장은 자신의 업무 스타일이 좋지 않다는 사실을 깨달았다. 곰곰이 생각해보니 각자가 지닌 업무처리 방법과 역량은 동료마다 달랐다. 그는 각자의 특성을 인정해야 한다고 생각했다. 주어진 시간까지 구성원들이 저마다 지닌 역량을 최대한 발휘해서 성과를 낼 수 있도록 지원해주는 것이 훨씬 효과적인 방법이란 것을 알게 되었다.

곽 부장은 모든 일을 통제하고 관리해야 한다. 누구보다 책임감이 강한 그는 자율보다 통제를 통해 업무를 추진해야 제때 일이 해결된다고 믿는다. 팀원들은 이러한 곽 부장의 업무 스타일에 적잖은 압박과 부담을 느낀다. 그들은 잠재력과 창의력을 발휘하기보다 곽 부장이 원하는 답을 찾기 위해 동분서주한다. 설령 그 답이 진정으로 조직에 필요한 답이 아니라고 생각되어도, 곽 부장에게 자기 의견을 말하지 않는다.

성과가 미흡할 것 같은 예감이 들면 곽 부장은 초조해한다. 틈날 때마다 담당자들을 불러 진행상황을 점검한다. 팀원들은 하나둘 지치기 시작한다. 곽 부장은 무엇이 문제인지도 모른 채 팀원들을 밀어붙이고, 늦게까지 야근을 한다. 누군가 놓친 작은 업무도 곽 부장이 직접 처리한다.

곽 부장은 실무자 시절 조직에서 인정받은 핵심인재였다. 그 덕에 과장을 거쳐 부장으로 직급이 올랐지만 실무자 시절의 업무 스타일을 버리지 못했다. 프로젝트를 끝낼 때마다 곽 부장은 번아웃 상태가 되곤 한다. 같이 참여한 팀원들도 역시 지친다. 성과를 달

'성했는지 못했는지를 떠나 프로젝트에 참여한 팀원들은 일의 보람을 느낄 여유가 없다.

리더는 부하직원들에게 적절하게 업무를 배분하고 보람을 느끼고 성장하도록 유도할 줄 알아야 한다. 곽 부장은 리더로서 역할을 하지 못했다. 프로젝트를 마치고 곽 부장은 팀원들과 이야기를 나누게 되었다. 주저하며 조심스럽게 입을 연 팀원들의 말은 비슷했다.

"프로젝트 내내 긴장감에서 벗어나고 싶은 생각뿐이었습니다. 부장님께서 조금 여유롭게 커뮤니케이션 하고 일정관리를 해주었다면 좋은 아이디어들이 많이 나왔을 텐데, 쫓기고 압박받은 느낌이 기억에 가장 많이 남습니다."

내심 감사하다는 말을 기대했던 곽 부장은 깜짝 놀랐다. 하지만 이내 자신의 리더십에 변화가 필요하다고 깨달았다. 그는 앞으로 작은 단위의 일까지 하나하나 자신이 통제하고 직접 처리하는 습관을 고치겠다고 다짐하면서 부하직원에게 업무를 위임하고 조직을 활용해야겠다고 마음먹었다.

곽 부장과 달리 배 부장은 조직을 잘 활용한다. 복잡하게 얽힌 업무를 처리하는 데도 배 부장은 바쁘지 않다. 그는 일의 핵심을 찾아내고, 그 핵심을 중점적으로 관리한다. 핵심이란 바로 적재적소의 담당자를 찾아내는 것이다. 배 부장은 일의 과정을 파악하고 각 과정에서 일을 가장 잘할 수 있는 담당자를 찾고, 함께 해결책을 모색한다.

배 부장은 혼자 모든 걸 할 수 없다는 사실을 잘 알고 있다. 최적

함께 하는 동료들의 잠재력과 역량을 믿는 것, 도움을 요청하고 도와주는 것이야말로
직장인의 필수 스펙이다.

의 담당자를 찾아내어 믿고 맡긴다. 배 부장에게서 신뢰를 받고 있다고 느낀 담당자들은 자신의 능력을 최대한 동원해서 최선을 다한다. 배 부장은 작은 단위의 업무까지 간섭하지 않는다. 팀원들은 자유로운 분위기에서 여러 가지 실험도 해본다. 돌발 상황에 마주하면 망설임 없이 배 부장에게 보고하고 함께 상의한다. 난이도가 높은 업무를 마주하게 되더라도 배 부장과 함께 하는 팀원들은 좋은 성과를 내며 보람을 느낀다.

당신에게 1+1+1은 얼마인가?

누구나 배 부장이 이상적인 리더라는 것을 안다. 하지만 그와 같은 능력을 갖추기가 쉽지 않다. 당신은 어떤 리더가 되고 싶은가? 업무에 임할 때 지나치게 조급해하고 강박에 빠지지 않는지 먼저 당신 스스로에게 물어보라. 주어진 상황에서 최적의 결과를 이끌어내기 위해 잠시 한 걸음 떨어져서 바라보고, 생각해보는 연습을 해보자. 협업을 하고 있다면 동료들을 지지해주고, 잠시 기다려보자.

직장인들은 대부분 동료들과 협업하는 순간 모두 리더가 된다. 리더의 가장 큰 덕목은 작은 단위의 일까지 챙기는 것이 아니라 모두가 함께 협업할 수 있는 분위기를 만들고, 적절하게 업무를 나누고, 구성원들의 잠재력을 끌어내는 일이다.

아무리 역량이 뛰어난 인재라도 직장 내에서 혼자 담당할 수 있는 일은 제한적일 수밖에 없다. 직장은 거대한 기계와 같다. 기계를 움직이기 위해서는 모든 부품과 엔진이 같이 움직여야 한다. 같이 일하는 동료들의 잠재력과 역량을 믿고 협업하는 일에도 연습이 필요하다.

혼자서 일을 해내야 한다고 생각하는 직장인들이 제법 많다. 누군가의 도움을 받는 일을 어색해하는 이들도 있고, 자존심에 상처를 입는 것으로 여기는 이들도 있다. 심지어 어떤 도움을 요청해야 하는지 모르는 이들도 있다. 연차가 올라가고 직급이 높아질수록 복잡한 문제에 직면하게 된다. 다른 부서, 회사 내·외부의 전문가들의 도움이 필요해진다. 혼자서 모든 걸 처리할 수 있다는 생각을 버리는 순간 시너지는 시작된다. 내가 도움을 받을 수 있는 사람을 찾고 일을 나누고, 같이 어떻게 협업할지 고민하면 훨씬 더 좋은 성과를 창출할 수 있다.

직장에서 탁월한 성과를 올리는 사람들을 관찰해보자. 혼자서 꾸역꾸역 일을 처리하는 사람보다는 다양한 분야의 사람들과 협업해서 성과물을 만들어내는 이들을 눈여겨보자.

1은 혼자 있어서 1이다. 1+1은 2가 된다. 하지만 직장생활에서 1+1+1은 3을 넘어 30 이상 될 수 있다. 1이 만들어내는 놀라운 힘은 협업을 통해 탁월한 성과를 이룰 수 있다는 믿음을 갖는 것에서 시작된다.

03

늘 당신의
존재감을 알려라

성공은 얼마나 많이 아느냐가 아니라,
누구를 알고 그들에게 자신을 얼마나 잘
알리느냐에 달려 있다. _리 아이아코카

모난 돌이 주목받는다

입사동기인 정 대리와 송 대리는 한 팀에 배치되면서 팍팍한 회사업무에 든든한 지원군이 될 것 같아 내심 기뻤다. 팀장은 두 사람에게 비슷한 업무를 지시하면서 은근히 경쟁을 유도했다. 처음에는 동기라는 끈끈한 신뢰를 바탕으로 팀장이 원하는 방향의 답을 비슷하게 제시해서 칭찬도 함께 받았다. 하지만 대리가 되면서부터 조금씩 차이가 생겼다. 송 대리는 보고를 잘하고 일처리가 빠른 편이어서 팀장에게 줄곧 칭찬을 받는 반면, 정 대리는 보고할 때마다 핀잔을 받았다. 이런 일이 여러 번 일어나자 팀장은 정 대리에게 조용히 이야기했다.

"정 대리, 내가 이런 얘기는 안 하려고 했는데, 같은 동기 송 대리는 수시로 나한테 업무 진행상황을 보고해. 그런데 정 대리는 업무를 받으면 깜깜무소식이야. 송 대리 업무 스타일을 잘 관찰해봐. 같은 동기라도 배워야 할 건 배우는 게 좋아."

정 대리는 송 대리가 업무 지시를 받고 일을 하면서 수시로 보고한다는 건 알고 있었다. 하지만 정 대리가 보기에 완벽하게 업무를 처리하지 않고 보고하는 건 오히려 자신의 불완전함을 드러내는 것으로 비춰졌다. 정 대리는 일이 완성되기 전에는 보고하지 않는다는 철칙을 가지고 있었다.

팀장의 이야기를 듣고 난 후 정 대리는 어떻게 처신해야 할지 고민이다. 원래 스타일대로 완성도를 높인 뒤 보고해야 할지, 송 대리처럼 수시로 보고해야 할지 혼란스럽다.

"모난 돌이 정 맞는다."
"튀지 마라."
"침묵해라."
"가만히 있으면 중간은 간다."
"열심히 하면 누군가 다 알아준다."

학창 시절부터 자주 듣던 말이다. 자신을 드러내기보다 숨기고 (낮추고), 조직의 일원으로 묵묵히 순응하는 사람이 인재로 여겨지던 때가 있다. 산업성장기에는 회사에서도 늦게까지 열심히, 조용히, 오래 일하는 농업적 근면성이 최고의 덕목이었다. 열심히 일하면 누군가는 나의 노력과 충성심을 알아줄 것이라는 믿음 하나로 직장생활을 했나. 시간이 흘러도 회사는 나의 노력을 기억하며, 나의 희생에 대해 보상해주고 우리 가족을 충분히 책임져줄 거라 믿었다. 탁월한 성과를 올려 회사가 발전하는 데 큰 공을 세워도 동료들에게 영광과 기쁨을 돌렸다. 직장에서 흔하게 볼 수 있는 풍경이다. 조직에서 좋은 성과를 냈지만 주변 동료의 시선을 의식해 드러내지 못하는 모습. 탁월한 역량을 보유하고 있지만 동료의 시기, 질투가 있지 않을까 걱정되어, 자랑하는 사람이라는 소리를 들을까봐 주변에 이야기하지 못하는 모습. 이런 모습은 낯설지 않다.

많은 직장인들이 자신의 강점과 성과를 드러내는 데 어색해한다. 냉정하게 말하자면 알리지 않으면 묻힌다. 성과는 알려져야 제대로 된 성과로 평가받는다. 잘 알려지면 실수도 구제받을 수 있다.

마케팅과 영업은 기업과 고객 사이에서만 있는 것이 아니다. 직장인도 상사와 직장을 상대로 영업을 해야 한다. 어쩌면 사무실 안내 옆에 앉아 있는 동료가 나의 진정한 고객일지도 모른다.

아무도 모르는 성과는 성과가 아니다

최 대리는 입사와 동시에 모든 신입사원들이 비슷한 평가를 받는 사실을 알고 나서 불만이 생겼다. 다른 동기들에 비해 외국어도 잘하고, 일도 잘한다고 생각하는데 같은 평가를 받으니 억울한 심정까지 들었다. 오히려 역차별을 받고 있다고 생각했다. 최 대리는 어떻게 하면 동기들보다 더 빨리 인정받고 돋보일 수 있을지 고민했다. 이대로 대리까지 3~4년을 보내기엔 자신의 잠재력과 개발되지 않은 가능성이 묻힐 것 같았다.

그러던 차에 회사에서 영어프레젠테이션 경진대회를 개최한다는 소식을 들었다. 최 대리는 이번 영어프레젠테이션 대회가 자신을 드러낼 수 있는 기회라고 생각했다. 영어프레젠테이션 대회는 CEO를 비롯한 리더급 상사들이 참관하고 평가하는 행사였다. 최 대리는 전사 임직원들이 관심을 갖고 있는 프레젠테이션 대회에서 자신의 어학능력을 발휘해서 존재감을 드러내기로 결심했다. 학창시절과 어학연수 때 쌓은 영어실력을 점검하고 대회 준비에 올인했다.

대회에는 신입사원을 비롯해서 부장급까지 다양한 직급과 연차의 사원들이 참여했다. 최 대리는 대회 전 수십 번 혼자 연습하고 피드백 하면서 완성도를 높였다. 영어실력을 알리기 위한 목표가 분명했기에 동기부여도 확실했다.

최 대리는 자신이 준비한 내용을 영어로 발표했다. 전문 영어프레젠터라 해도 믿을 정도로 유창한 실력을 보여줬다. 결국 그는 대회에서 1등을 했다. 그의 이름은 CEO를 비롯해 중역, 팀장급까지 전사에 알려졌다. 최 대리는 바람대로 영어대회에서 상도 받고 상사에게 인정도 받게 되어 무척 기뻤다.

임직원들 사이에서 대회 결과는 빠르게 퍼져나갔다. 얼마 지나지 않아 유창한 영어회화능력이 필요한 부서장에게서 연락이 왔다. 대회에서 최 대리의 프레젠테이션과 어학능력을 인상 깊게 봤다며 부서를 옮겨서 함께 일해보자는 제안이었다. 최 대리는 적극직으로 사신의 수특기인 영어발표를 활용해서 자기 이름 석자를 전사에 홍보할 수 있었다. 게다가 영어대회 수상으로 사내에서 진행하는 방송 진행자로 섭외되었다. 해외 프로젝트를 진행할 때 주니어급 섭외 0순위로 떠올랐다. 영어실력이 노출된 이후 최 대리의 가치는 폭발적으로 급등했다.

직장인은 외적 동기부여 조건인 금전적 보상 이외에도 상사의 인정을 먹고 산다. 힘들고 어려운 업무를 이루어내고 상사와 동료에게 성과를 인정받을 때 느끼는 보람과 자부심은 그 무엇과도 비교할 수 없다. 인정을 받기 위해서는 반드시 성과를 알려야 한다.

큰 조직일수록 업무가 세분화되어 있다. 담당자라고 하면 바둑판의 작은 한 집을 담당하는 것에 불과하기 때문에 서로가 무슨 일을 하는지 알기 어렵다. 회사 일은 여러 개로 쪼개져 담당자별로 운영된다. 당신이 어떤 업무를 맡고 있으며 어떤 분야에 전문성이 있는지 직장 내에 알려야 한다. 열심히 일하면 누군가 알아주겠지 하는 순진한 생각은 접어야 한다. 자기일도 바쁜데 경쟁자, 동료의 성과를 대신 홍보해줄 사람은 아무도 없다. 상사는 더욱 바쁘다. 매일매일 수많은 의사결정을 하고 이해관계가 얽힌 회의에 참석하며 부서 간 업무를 조율한다.

상사와 동료에게 당신이 무슨 일로 어떤 성과를 내고 있는지 알려야 한다. 직장에서 성과를 이루어내기란 쉬운 일이 아니다. 누구도 모르는 성과는 진정한 성과로 인정받을 수 없다. 작은 성과라도 상사에게 알리고 동료와 공유하자. 당신이 열심히 일을 하고 있고 성과를 내고 있다는 신호를 끊임없이 보내야 한다. 긍정적인 방향으로 조직 안에서 이름이 알려지면 업무를 하면서도 주변의 도움을 쉽게 받을 수 있다.

나 자신을 알릴 수 있는 방법, '스몰토크'부터 시작하라

박 대리는 회사 내 문제점을 발굴하여 해결책을 도출하는 JBM(Junior Board Meeting)활동에 참여했다. 운 좋게 JBM 리더로 선출되어 과제를 주도하게 되었다. 몇 개월간 회의와 토론 끝에 과제 해결방향을 도출했다. CEO 보고는 자연스럽게 박 대리가 담당하기로 정해졌다. 박 대리는 주요 경영진 앞에서 보고한다는 생각에 긴장이 됐지만, 이 보고가 자신에게 주어진 기회처럼 여겨졌다.

보고 당일, 박 대리는 처음으로 중역과 CEO가 배석한 자리에 참석했다. CEO와 중역들과 함께 배석한 것만으로도 기뻤다. 정신을 집중해서 준비한 자료를 참고하며 발표했다. 대안 제시를 끝으로 발표는 마무리되었다. CEO는 짧은 기간에 좋은 아이디어를 제시해서 수고했다며 격려하고 저녁만찬도 열어주었다. 박 대리는 그동안 고생한 업무에 보람을 느꼈다.

'나를 알리는 방법'은 발표나 보고형식에만 있지 않다. 직장생활 곳곳에 있다. 상사와 동료에게 '스몰토크(Small talk)'를 활용할 수도 있다. 스몰토크란 형식에 구애받지 않고, 상사와 가벼운 대화를 히는 방법이나. 당신이 지금 하고 있는 업무에 대해 이야기할 수도 있고 관심 있는 분야를 알릴 수도 있다. 직장인들은 시간과 업무에 쫓겨 지내기 때문에 시간을 맞춰 업무내용을 공유하기가 쉽지 않다. 스몰토크를 적극 활용해야 한다.

특별히 보고를 하지 않았는데도 상사와 업무내용이 잘 공유되는 동료가 있다. 공식적인 보고 이외에 담배를 피거나 식사를 하거나 회의를 위해 이동하는 중에도 업무진행상황을 공유할 수 있다. 스몰토크는 잡담과 비슷하다고 생각해도 좋다. 잡담도 능력이라는 말이 있다. 고도로 설계된 잡담은 그 이상의 효과를 발휘한다.

관계사에서 전입 온 홍 부장은 매일 아침 출근길에 신문을 꼭 챙긴다. 오늘 아침 헤드라인은 무엇인지, 회사와 관련된 내용은 없는지 꼼꼼하게 읽어본다. 사무실에 먼저 도착한 홍 부장은 임원 방에 들러 신문 한 꼭지를 읽어볼 수 있도록 작게 잘라서 책상에 올려둔다. 신문조각은 손에 넣을 만큼 작다. 홍 부장은 수개월째 매일 아침 신문조각을 임원에게 선물한다.

어느새 임원은 가벼운 아침 신문 한 조각이 기다려진다. 임원은 홍 부장과 아침인사를 나누며 더욱 가까워졌다. 홍 부장은 식사 도중에도 자신의 성과와 임원이 고민하는 이슈에 대해 자연스럽게 자신의 생각을 전달한다. 한마디로 생활 속에서 자신을 팔고 있는 것이다.

홍 부장은 간단한 스몰토크를 통해 자신을 알리고, 회사와 임원을 위해 일한다는 인상을 깊이 심어주었다. 관계사에서 전입 온 지

얼마 지나지 않아 홍 부장은 해외법인장으로 근무할 수 있는 기회를 얻었다.

조직에서 성장하고 좋은 기회를 얻기 위해서는 적극적으로 나를 알려야 한다. 누가 알려주길 기대하지 말고 나 스스로 나서야 한다. 일을 더 배우고 성장하고 싶다는 욕망을 노출해야 한다. 앞의 사례처럼 어떤 경로든 기회는 찾아온다. 기회가 없다면 만들 수도 있다.

나를 가장 잘 팔 수 있는 사람은 바로 나 자신임을 명심하고, 작은 것부터 실천해보자.

04

보고는
타이밍이 생명

최적의 타이밍은 최고의
결과를 만든다. _여몽

상사는 늘 일의 진행상황이 궁금하다

　김 대리가 최 부장에게 품질문제의 원인과 해결책을 알아보라는
업무를 지시 받은 건 일주일 전이다. 김 대리는 자신이 알고 있는
지식과 인적네트워크를 총 동원해서 훌륭한 성과물을 만들기 위해
밤낮으로 고민했다. 일주일이 넘어가면서 자신이 보기에 기대 이
상의 성과가 나타나기 시작했다. 유관부서 담당자, 협력업체와의
활발한 논의 끝에 고질적인 품질문제를 해결했다. 김 대리는 속으
로 성취감을 느꼈다. 자신이 주도적으로 일을 진행하고 성과를 이
루어냈다는 것은 스스로에게 가장 큰 보상이었다.
　최 부장은 자기가 지시한 일이 어떻게 진행되고 있는지 궁금했다. 김 대리가 알아서 진행하고 있겠지 생각하고 지켜보고 있는데 어느새 2주가 흘렀다. 그동안 김대리에게서 아무런 보고를 받지 못했다. 김 대리는 상사에게 보고할 생각을 하지 못했다. 최 부장이 물어보면 그때 자세하게 보고할 생각이었다.

최 부장은 갑작스럽게 소집된 품질회의에 참석했다. CEO가 주관하는 회의였다. CEO는 최부장에게 품질문제에 대해 물었다. 최 부장은 진행상황을 모르고 있었기 때문에 제대로 된 답변을 할 수가 없었다. 회의가 끝나자마자 최 부장은 김 대리를 불러 지난번 지시한 품질문제에 대한 문제해결 상황을 물어보았다. 김 대리는 밝은 표정으로 원인분석과 대응방안에 대해 조목조목 보고했다. 김 대리는 빈틈없이 완벽하게 업무를 해결했다.

김 대리의 보고를 받은 최 부장은 칭찬을 하지도, 화를 내지도 못하고 깊은 한숨만 푹푹 내쉬더니 한참 후에야 나지막이 입을 열었다.

"김 대리, 이렇게 일을 잘 마무리했으면서 그동안 나한텐 왜 보고를 안 했나?"

직장생활은 보고의 연속이다. 보고로 시작해서 보고로 끝난다고 할 정도로 하루에도 크고 작은 보고들이 이루어진다. 조직은 보고하는 사람과 보고받는 사람으로 이루어져 있다. 어느 조직이든 상하관계를 적절하게 유지해주는 위계질서가 있다. 상사는 지시하고, 부하직원은 수명을 받아 업무를 추진한다. 부하직원은 일을 하면서 중간에 보고를 한다. 보고를 통해 상사와 부하직원은 일의 방향과 처리방법에 대해 의견을 교환한다.

업무를 지시한 상사에게도 보고를 해야 할 상사가 있다. 보고기한도 정해져 있다. 업무를 지시한 상사는 일이 진행되는 과정과 결과를 늘 기다리고 있다. 일의 진행상황을 물어보지 않는 상사가 있다. 보통 이런 상사는 팀원을 배려하는 상사이다. 일하는 중간에 압박받지 말고 부담 없이 업무에 집중하라는 신호다. 팀원을 믿고 있다는 증거이기도 하다.

상사는 아무리 팀원이 많아도 자신이 지시한 업무를 잊어버리지 않는다. 팀원은 늘 완벽한 결과를 상사에게 보고해야 된다는 강박을 가지고 업무에 임한다. 자신이 할 수 있는 최대의 성과를 만들어낸 다음 보고하고 싶은 심리가 있다. 완벽한 업무 능력을 보여주고 상사의 칭찬과 격려를 받고 싶어 한다. 그러다 보면 진행되는 과정에 대해 보고하는 걸 잊게 된다.

업무는 상사와의 약속이자 신뢰를 쌓을 수 있는 기회다. 업무를 진행하면서 생각한 대로 진행이 되지 않더라도 상사에게 보고하자. 보고하는 방법은 어떤 방식이든 상관없다. 간단하게 요약해서 문자나 카카오톡 메시지로 보내는 것도 효과적이다.

상사는 일이 흘러가는 내용을 간단히 보고받는 것만으로도 앞으로 일이 어떻게 진행될지, 결과는 어떠할지 예측할 수 있다. 상사는 업무진행 흐름에 대한 감이 잡히면 일단 마음이 놓인다. 설령 일이 제대로 진행되지 않더라도 보고받은 내용을 토대로 후속대책을 머릿속에 그릴 수 있다.

일의 결과와 관계없이 업무에 대해 수시로 보고하는 습관을 길

러라. 적절한 타이밍에 보고하는 것만으로도 상사에게서 신뢰를
얻을 수 있다.

보고하기 전 상사의 감정 상태를 확인하라

조 부장은 배 상무에게 불려갔다. 지난달 영업실적을 지적받으
며 한 시간 동안 질책을 받고 자리로 돌아왔다. 그 사실을 모르는
백 대리는 조 부장에게 업무상황을 보고하기 위해 다가갔다. 가뜩
이나 골치가 아픈 상태에서 조 부장은 백 대리의 보고를 받게 되
다. 조 부장에게 백 대리의 보고가 들어올 리 없다. 평소보다 예민
해진 조 부장은 백 대리의 말 한 마디, 보고서의 문장 하나에 날카
롭게 반응한다. 그는 지난번에 보고받은 내용까지 싸잡아 차갑게
피드백을 준다. 공을 들여 준비한 백 대리는 준비한 멘트는 꺼내지
도 못한 채 재검토하라는 지침을 받는다.

신 과장은 허 부장에게 보고할 타이밍을 보고 있다. 10년차 직장
인인 그는 뼈아픈 경험을 통해 보고는 내용도 중요하지만 타이밍
도 중요하다는 걸 알고 있다. 더구나 이번 보고는 허 부장이 의도
한 대로 일이 진행되지 않고 있다는 사실을 보고해야 하기 때문에
고민이 크다. 마침 허 부장에게 좋은 일이 생겼다는 정보를 입수했
다. 그의 막내딸이 입시에서 원하는 대학에 합격했다는 사실을 알
게 되었다. 누구나 좋은 일이 생기면 잠시나마 세상을 긍정적으로

보게 된다. 신 과장은 적절한 때에 허 부장에게 보고했다. 보고 내용은 조금 부족했지만 긍정적인 피드백을 받았다. 감정도 관성의 법칙이 적용된다. 개인적인 일로 긍정적인 감정을 유지한 허 부장에게 적절한 타이밍에 보고한 신 과장은 무사히 보고를 끝낼 수 있었다.

프랑스 심리학자 바버라 브라이어스(Barbara Baries)가 대학생 70명을 대상으로 실험을 했다. 그 결과 상대가 부탁 또는 요청을 제일 잘 받아들이는 시간은 오후 1시인 것으로 드러났다. 바로 점심시간 직후다. 사람은 배가 부르면 웬만한 일에 화를 내거나 반대하지 않기 때문이다.

보고는 업무의 기본이자 완성이다. 보고시간은 따로 정해져 있지 않다. 만약 보고하는 사람이 보고시점을 선택할 수 있다면 급한 보고가 아닌 이상 출근 직후, 오전시간은 피하는 것이 좋다. 출근하고 나면 누구나 바쁘다. 일단 하루 일정부터 챙겨야 한다. 급하게 업무요청이 올 수도 있고, 지난밤 상사로부터 긴급업무지침이 담긴 메일을 받았을지도 모른다.

아침시간에는 두뇌회전이 잘된다. 보고서의 글자도 뚜렷하게 보이고 의미도 금방 파악된다. 보고서의 오타는 쉽게 발견되고, 논리의 어색함이나 오류도 눈에 띌 확률이 높다. 점심을 먹고 나른해지면서 잠시나마 여유를 느낄 수 있는 오후시간대를 공략하는 것이 유리하다.

상사의 상황도 눈여겨봐야 한다. 상사도 사람이다. 늘 즐겁지도,

슬프지도 않다. 누구나 상황에 따라 감정이 달라질 수 있는데, 직장이라는 공적 공간에서 부하직원에게 자신의 감정 상태를 표현하지 않을 뿐이다. 그는 아침 출근길에 겪은 불쾌한 일 때문에 짜증이 나 있을 수도 있고, 말 못할 가족문제로 끙끙 앓고 있을 수도 있다. 어쩌면 방금 전에 참석한 임원회의에서 회사의 골칫거리 문제를 떠안게 되었을 수도 있다.

보고하기 전 할 수 있다면 상사의 감정 상태를 확인하자. 상사의 기분을 확인하면 보고를 어떻게 해야 할지, 어떤 말이 나올지 예측하면 대응방법을 미리 생각해볼 수 있다. 업무는 최종보고를 통해 완성된다. 업무를 진행하면서 적절한 타이밍에 상사에게 보고한다면 같은 보고 내용이라도 맛보는 성취감의 크기는 달라질 것이다.

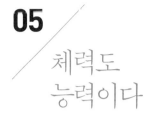

05

체력도
능력이다

체력은 건강한 신체를 갖는데 가장 중요한
요소일 뿐 아니라 역동적이고 창조적인
지적 활동의 기초가 된다. _J. F. 케네디

아침형 인간? 저녁형 인간? 핵심은 체력이다!

　벌써 밤 11시다. 홍 대리의 방은 아직도 불이 환하다. 밤이 깊어
갈수록 머리는 더 맑아진다. 퇴근하면 하고 싶은 일이 차고 넘친
다. 부자들이 가장 눈여겨보는 것 세 가지가 교육·건강·세금문제
라고 하는데, 홍 대리는 태어나서 죽을 때까지 부과되는 세금에 대
해 공부하고 싶다. 몇몇 책을 읽어봤지만 세금은 복잡해서 이해하
기가 쉽지 않다.

　기업의 모든 활동은 숫자로 정리된다. 기업의 CEO 중 재무담당
출신이 많은 건 그만큼 숫자 관리는 기본이자 기업활동의 핵심이
라는 뜻이다. 기업의 언어인 회계를 조금이라도 이해하기 위해 회

계책을 편다. 수천 명의 엔지니어들이 만든 성과도, 재무담당자의 보고서 1장에 요약되어 표현된다. 숫자경영을 이해하기 위해서는 회계가 기본이다. 사회적 관계를 위해 직장 밖 지인들도 만나야 하고, 자기계발도 해야 한다. 하지만 시간은 늘 부족하다. 다양한 분야에 호기심이 왕성한 홍 대리는 오늘 밤에도 새로운 세계를 여행한다. 조금만 더, 조금만 더 해야지 하는 마음에 책상에 앉아 있다가 시계를 보니 어느덧 새벽 1시가 넘은 시각이다.

홍 대리 책상 위에 종이 한 장이 놓여 있다. 종이에는 홍 대리가 해야 할 일이 빼곡하게 적혀 있다. 이렇게 많은 일을 하려면 물리적인 시간이 필요하다. 잠을 줄이거나 일찍 퇴근을 하거나 해야 할 일을 줄여야 한다. 어느 것 하나 실천하기가 쉽지 않다. 홍 대리는 선천적으로 잠이 많다. 잠을 줄이는 건 몸에 대한 예의가 아니다. 출퇴근 시간은 정해져 있지만, 회식·긴급업무 등 변수가 많아 일정하게 유지하기가 어렵다. 가뜩이나 시간이 부족한데 생산성을 방해하는 물건이 있다. 바로 스마트폰이다. 스마트폰이 대중화되면서 직장인 대다수가 잠자리에 드는 시간이 늦어졌다. 홍 대리도 예외일 수 없다.

직장인에게 일하는 시간을 빼고, 개인적으로 사용할 수 있는 시간은 한정되어 있다. 아침 7시부터 퇴근 후 가족과 1~2시간 보내면 금방 저녁 9시, 10시다. 12시에 취침한다고 해도 혼자 보낼 수 있는 시간은 고작 3시간이다.

《아침형 인간》이라는 책이 활개를 치고 팔리던 시절이 있다. 저자는 새벽부터 아침까지는 누구의 방해도 받지 않고, 머리회전도 잘되는 시간이니 밤보다 아침, 새벽 시간을 활용하면 생산성을 높일 수 있다고 주장했다. 아침잠이 많은 지인이 저자의 주장에 따라 새벽에 일어나려고 애쓰던 모습이 기억난다.

나도 그 책을 읽고 실천해보려고 노력했다. 하지만 나에게 맞지 않았다. 굳은 습관을 고치는 일부터 선행되어야 했다. 밤 12시에 잠자리에 들어 새벽 5~6시에 일어나 운동하고, 독서하고 일찍 출근하는 '슈퍼직장인'이 진심으로 존경스럽다. 어떻게 하면 규칙적으로 그렇게 생활할 수 있는지 그들을 연구하기도 했다. 공통된 특징이 있었다. 그들은 시간을 체계적으로 관리하고 있었다. 눈여겨볼 점은 잠을 줄여도 다음 날 맑은 정신으로 일할 수 있도록 체력을 높이기 위한 노력을 꾸준히 하고 있었다는 점이다.

성장하고 싶다면 자기 몸에 집중하라
—

나의 내면에는 성장하고 싶은 욕망이 깊숙이 자리 잡고 있다. 오늘도 공부하고 싶은 분야의 책을 뒤지고 자료를 찾는다. 뭐라도 해볼라치면 쉽게 자정이 넘는다. 지난 10년간 직장생활을 하면서 '저질체력'으로 인해 고생했다. 머리로는 체력이 얼마나 중요한지 알고 있었지만, 정작 몸이 따라주지 않았다.

예전부터 정신력을 키우면 체력은 자동으로 따라온다고 믿었다. 잠을 덜 자더라도 정신만 제대로 챙기면 생활하는 데 문제가 없을 것이라 믿었다. 하지만 내 생각과 현실은 전혀 달랐다. 아무리 정신력을 다져도 운동은 하지 않고 잠을 줄이니 체력은 금방 바닥났고, 생산성도 급격하게 떨어졌다. '정신은 육체를 지배한다'는 말은 최소한 나에게 해당되지 않았다. 아무리 늦게 자도 다음 날 일찍 일어나던 습관은 오래 지속할 수 없었다. 입사 초기의 긴장감은 점점 줄어들었다. 무기력했다. 2주가 지나도 피곤함과 무기력증이 여전했다. 한의원을 찾아갔다. 한의사는 간단하게 해결방안을 내놓았다.

"운동 좋아하시나요? 운동을 하셔야 합니다. 그런데 아무 운동이나 해서는 안 되고, 선생님이 진정으로 좋아하는 운동을 해야 합니다. 운동해야 한다고 생각해서 억지로 참아가며 하는 운동은 도움이 되지 않습니다. 오히려 독이 될 수 있어요. 좋아하는 운동을 땀이 날 정도로 해보세요."

뜻밖의 처방이었다. 한의사의 말이 신선하기까지 했다. 지금까지 살면서 재미를 느낀 운동이 무엇인지 생각해보았다. 농구, 수영, 탁구, 배드민턴, 조깅, 걷기가 떠올랐다. 운동에 돈과 시간을 투자해야겠다고 마음먹고 실천했다. 하지만 게으름 때문에 1~2개월이 채 지나지 않아 그만두기 일쑤였다.

기초체력이 필요하다는 것을 절실히 느낀다. 기초체력이 튼튼하면 밤을 새고도 멀쩡하게 출근할 수 있다. 기초체력이 있다면 정신력도 발휘할 수 있다. 회사에서는 맑은 정신으로 집중해서 처리해야 하는 일이 많다. 또렷한 정신은 기본이고, 강한 체력이 있다면 일을 효율적으로 해낼 수 있다. 일이 풀리지 않더라도 끈기 있게 매달릴 수 있다.

탄탄한 기초체력을 유지하는 능력은 직장생활에서 강력한 무기를 쥔 것과 같다.

체력이 약한 임원을 본 적이 있는가?

장 상무는 늘 활력이 넘친다. 얼굴도 나이보다 훨씬 어려 보인다. 몇 주, 몇 달 동안 해외출장을 다녀와도 다음날 멀쩡하게 가장 먼저 사무실로 출근한다. 얼굴에 피곤한 기색을 찾을 수 없다. 축구를 좋아해서 젊은 직원들과 자주 어울린다. 50대라는 나이가 무색할 정도로 그라운드에서 야생마처럼 잘 뛰어다닌다. 실력도 수준급이다. 젊은 직원들도 장 상무의 체력은 따라잡을 수 없다. 회식을 해도 장 상무는 팀에서 최고 주량을 자랑한다. 장 상무의 체력과 주량을 당해낼 자가 없다. 팀원들은 장 상무의 꽁무니를 쫓아가기 바쁘다. 팀원들은 항상 제일 먼저 출근하고 자기계발을 꾸준히 실천하는 장 상무의 체력유지 비결이 궁금했다. 우연한 기회에 장 상무는 자신의 체력관리 비결을 직원들에게 공개했다.

"저는 매일 새벽 4시 반에 일어납니다. 제일 먼저 영어회화를 공부합니다. 나이 들어도 영어에 대한 감을 놓치고 싶지 않기 때문입니다. 영어공부를 마치면 한 시간 정도 조깅을 합니다. 새벽에 일어나 공부하고 운동을 하고 나면 하루가 상쾌합니다. 강한 체력은 업무성과를 내는 기초자원입니다. 수십 년 동안 단련한 체력 덕분인지 웬만한 스트레스와 격무에도 저는 쉽게 지치지 않습니다. 여러분, 임원 분들을 자세히 살펴보세요. 체력이 약한 사람을 찾기 어려울 겁니다."

인간은 살면서 하고 싶은 일, 해야 하는 일, 성취하고 싶은 일 등 끊임없이 욕망을 품는다. 욕망을 이루지 못하면 스트레스를 받고 낙담하기도 한다. 업무 목표 때문에 누구보다 바쁜 하루를 보내는 직장인은 정신적, 육체적으로 스트레스를 받는다. 성과를 높이고, 하고 싶은 일을 계속하기 위해서 강인한 체력은 무엇보다 필요하다. 체력은 리더가 되기 위해 갖추어야 할 중요한 덕목이란 사실을 잊지 말고 지금부터 꾸준하게 체력을 관리하자.

06

현장을 꼭
경험하라

우리의 문제는 현장에 답이 있다.
_제조업 CEO

내가 생산기술팀으로 부서를 옮긴 이유

"백분의 일, 백분의 삼."

"X축 방향으로 0.3이 틀어졌는데 이유가 뭐지?"

"피치에러 보정하면 좋아질까?"

"4미크론 spec over입니다."

생산기술팀으로 부서를 옮기고 첫 회의에 참석했다. 처음 듣는 단어들이 귓가를 맴돌았다. 팀원들은 전날 현장에서 발생한 문제에 대해 열띤 토론을 했다. 하지만 나는 그들이 나누는 대화 내용을 이해할 수 없었다. 하나같이 처음 들어보는 용어였기 때문이다.

공작기계를 만드는 회사에 다니는데, 기계에 대해 당연히 잘 알아야 한다고 생각했다. 운 좋게도 생산기술팀에서 일하게 되면서 기계를 가까이 접할 수 있었다. 또한 이전까지 경험하지 못한 생산과정을 현장에서 직접 볼 수 있었다. 보고서 위에 활자화된 기계용어를 현장에서 실물로 확인할 수 있었다. 책상보다는 현장에서, 이론보다는 실전에서 부딪히는 경험은 대단히 값진 것이었다.

직무를 변경하면서 고민이 없었던 것은 아니다. 부서를 옮기는 게 잘한 결정일까? 처음부터 다시 시작해야 하는데, 어떻게 적응할 수 있을까? 긴장과 함께 불안한 마음도 있었지만, 제조업의 꽃이라 불리는 생산 분야의 근무는 의미 있게 다가왔다.

기계용어와 근무환경은 낯설었다. 하지만 도전하려는 의지가 컸기에 거부감은 적었다. 새로운 용어를 마주할 때마다 메모를 해두었다가 동료들에게 묻기도 하고 자료를 찾아보며 개념을 익혔다.

내가 담당할 기계를 보고, 현장 기술자들에게 인사를 했다. 공작기계는 사람의 손으로 조립되고 완성된다. 손으로 조립하기 때문에 만드는 사람의 정성에 따라 기계의 품질수준이 결정된다. 기술자의 '손맛'에 따라 기계 성능이 좌우된다는 말이 있다. 손끝에서 나오는 정성과 노하우, 기술이 융합되어 품질 높은 기계가 만들어진다는 뜻이다.

기계를 만드는 기계인 공작기계는 다른 제조업체의 생산기준보다 엄격한 정밀도가 요구된다. 공작기계를 구매해서 사용하는 고객들은 공작기계를 통해 초정밀 부품을 만들기 때문이다. 기계가 만들어지는 생산과정을 알아가면서, 마음과 정성을 다하지 않으면 고품질의 정밀기계를 만들기 어렵다는 것을 깨달았다. 보기에는 간단한 작업이라도 부품을 직접 조립해보니 쉽지 않았다.

기계를 생산하는 현장의 하루는 바쁘게 돌아간다. 오늘 할 일을 계획하면서 하루를 시작하는데, 제일 먼저 생산하는 기계에 조립될 부품들이 현장에 도착한다. 부품이 확인되면 조립작업이 진행된다. 정해진 조립공정이 끝나면 다음 조립공정으로 넘어가 조립이 진행된다. 검사 후 수정이 필요한 부분은 담당자들이 논의를 거쳐 처리한다.

최종 검사공정을 거쳐 기계는 고객사로 출하된다. 내가 맡은 생산기술 업무는 조립공정 중 품질을 향상시킬 수 있는 부분을 개선하고 생산성을 향상시키는 것이었다. 기계구조를 익히기 위해 몇 주 동안 현장에서 OJT(On the Job Training)를 받았다. OJT의 목적은 직접 기계를 조립하면서 기계조립에 대한 공정과 구조를 이해하며 전체 공정의 흐름을 파악하는 것이었다. 현장에서 기계가 조립되는 과정을 보면서 수십 년간 축적된 기술과 노하우가 무엇인지 조금씩 두 눈으로 확인할 수 있었다.

모든 경험은 새로운 아침이 된다

현장에서 이리저리 뛰어다니다 보니 시간이 금방 지나갔다. 3개월이 지나자 기계가 생산되는 공정과 관리 포인트들이 눈에 들어오기 시작했다. 내가 무엇을 더 공부하고 개선해야 되는지 윤곽을 짚을 수 있었다. 생전 처음 현장에서 기술자들과 호흡을 맞춰가며 기계조립작업에 대해 배웠다. 공장에서 중요한 관리 포인트인 4M(Man, Machine, Method, Material) 중 사람과 장비를 이해할 수 있었다. 체계적인 시스템을 갖추고 기계를 만드는 현장의 생산성은 다름 아닌 사람의 손에 달려 있다는 점을 깨달았다.

지금까지 직장에서 하지 못한 새로운 경험을 생산현장에서 했다. 사무실에서 서류작업을 열심히 하다 보면 간혹 공허함이 밀려들 때가 있다. 하지만 현장에서는 늘 건강한 긴장감과 활력이 가득했다. 설계오류, 부품제작실수, 작업공정오류, 부품납기지연 등 관리영역의 문제점들은 모두 현장에서 드러나기 마련이다. 현장에서 문제점을 발견하고 해결하면서 나 자신이 조금씩 성장하는 것을 느꼈다.

물론 새로운 일을 완전히 내 것으로 만들지 못할 때도 있었고, 문제를 해결하는 과정에서 벽에 부딪힐 때도 있었다. 그럴 때마다 동료들에게 물었다. 수십 년 동안 현장에 있었던 기술자들은 나에게 모두 스승이었다. 대화를 나누고 신뢰가 쌓이자 기술자들은 내가 부탁할 때마다 늘 도움을 주었다. 하루하루 기술자들의 경험과 노하우를 조금씩 배워나갔다. 책상에만 앉아서 일했다면 배울 수 없는 제조 현장에서의 소중한 경험들이었다.

르네상스 시대의 천재 레오나르도 다빈치는 경험에 대해서 이렇게 말했다.

"모든 경험은 하나의 아침이다. 그것을 통해 미지의 세계는 밝아온다. 경험을 쌓아 올린 사람은 점쟁이보다 더 많은 것을 알고 있다."

현장의 시각에서 묻고 또 물어라

몇 개월이 흘렀다. 문제해결에 대한 경험도 제법 쌓였다. 해결방법에 대한 나만의 관점도 생겼다. 같은 품질 문제가 발생해도 이전과는 대응속도가 달라졌다. 과거에 겪은 시행착오를 떠올리며 문제를 풀어 나갔다.

기계 생산과정에서 품질문제를 접하면 어떻게 풀어야 할지 고민된다. 경험에만 의존해서 문제를 풀다 보면 놓치기 쉬운 부분도 생긴다. 미처 예상하지 못한 곳에서 문제가 발생하기 때문이다. 이때 관련 자료와 책을 읽어보자. 선배들이 만들어놓은 과거 자료를 찾아보는 것도 문제해결에 도움이 된다.

문제를 해결하기 위해 이곳저곳을 뛰어다니면서 조언을 구하지만 쉽게 해결되는 문제는 없다. 그렇다면 문제 해결의 또 다른 방법인 5-Why를 적용해보자. 5-Why는 의문(Why)을 5회 이상 반복함으로써 문제의 근본원인을 찾는 문제해결 방법이다. 자주 발생하는 문제는 근본원인이 제거되기 전에는 반복적으로 재발한다. 반드시 5회 이상 하는 것은 아니지만, 문제의 근본원인이 나올 때까지 반복한다. 근본원인이 해결되지 않은 문제는 반드시 다시 발생되기 때문이다. 5-Why를 적용해서 근본원인을 찾고 재발방지 대책을 찾을 수 있다.

일하는 산업과 직무에 따라 형태는 다르지만 직장인들은 자신만의 현장(필드)이 있다. 예를 들어 제조업의 현장은 제품이 만들어지는 장소, 소비자 판매업은 거래가 이루어지는 장소, 건설업·플랜트

입은 건축눌이 만늘어지는 장소, 조선업은 선박이 만들어지는 장소, 기자는 사건이 벌어지는 장소 등 직무별로 현장이 있다. 지금 하고 있는 일에 대해 한 단계 더 이해를 높이고 경험을 쌓고 싶다면 현장으로 가보자. 그동안 볼 수 없었던 새로운 통찰을 얻을 수 있을 것이다.

당신이 하고 있는 일의 현장은 어디인가? 현장경험을 통해 기대 이상으로 많은 것을 배울 수 있다.

07

일 잘하는 동료의
보고서 작성
노하우 5가지

상사에게 보고하지 않으면 당신이 무슨 일을
하는지 아무도 모른다. _자동차 부품사 임원

경제학자 마이클 하우스먼(Michael Housman)은 고객 상담을 하는 직업들 사이에 재직기간이 차이가 나는 이유를 밝히기 위한 프로젝트를 수행했다. 그의 연구팀은 은행, 항공사, 휴대전화 회사 등에서 고객 상담전화를 받는 3만여 명의 직원들이 구직활동을 할 때 어떤 인터넷 브라우저를 사용했는지 살펴보았다.

조사 결과 파이어폭스나 크롬을 사용한 직원들이 인터넷 익스플로러나 사파리를 사용한 사람들보다 재직 기간이 15퍼센트 더 길었다. 검증을 위해 결근자료도 분석해보았는데, 마찬가지 결과가 나왔다. 크롬 이용자가 결근하는 확률이 19퍼센트 낮았다. 업무수행 평가자료도 마찬가지였다.

컴퓨터에는 기본적으로 익스플로러가 내장되어 있다. 별생각 없이 익스플로러를 사용하는 직원들과 달리 크롬을 이용한 직원들은 스스로 효율적위 방법을 찾아냈다. 바꿔 말하면 주도적으로 여건을 개선하고 좀 더 나은 방법을 연구하기 위해 크롬을 설치한 것이다.

위의 사례를 통해 주어진 업무환경, 노하우, 관습을 따르려는 사람보다 더 나은 방법을 모색하고 프로세스를 개선하며 일을 하려는 사람이 근무태도, 근속기간에서 좋은 성과를 보인다는 사실을 알 수 있다.

회사에서 인정받는 인재들은 어떤 특징이 있을까? 근무하고 있는 직장에서 찾아보자. 정치적 연결고리를 배제하고 상사는 물론 동료들도 인정하는 사람들의 공통점은 무엇일까? 마이클 하우스먼의 연구사례에서 볼 수 있듯이 상황을 개선하고 문제를 해결하는 인재들은 사소한 업무에도 요령이 있고, 혁신적인 마인드까지 갖추고 있다는 것을 알 수 있다. 일 잘하는 직원들의 5가지 보고요령을 소개한다.

❶ 보고하는 핵심내용을 이메일 본문에 이미지로 붙여넣기

보고는 일상이다. 이메일은 시간, 공간을 초월해서 업무를 볼 수 있는 편리한 장치다. 이메일은 핵심 위주로, 보고받는 사람 위주로 간결하게 작성해야 한다. 받는 사람 입장에서 좀 더 편하게 볼 수 있으려면 어떻게 해야 할까?

보고서에 시각화를 위해 이미지를 넣게 되면서 파워포인트 활용이 많아졌다. 이메일 본문에 파워포인트 첨부파일의 핵심내용을 이미지로 붙여넣어 보고하면 상사는 첨부파일을 열어보지 않아도

내용을 파악할 수 있다.

상사는 바쁘다. 직급이 올라갈수록 책임을 질 일도 많다. 부하직원에게 이메일을 받더라도 시간이 없어 첨부파일을 열어보지 못할 때도 많다. 한눈에 들어오는 본문 이미지의 내용을 파악하는 데 시간이 얼마나 걸릴까? 3분도 걸리지 않을 것이다. 구구절절 설명과 사족을 붙여 10장이 넘는 파일을 만들어 보내주면 상사는 다 읽지 못한다. 간단한 방법이지만 이미지 위주로 핵심내용을 정리해주면 상사는 당신의 보고 능력과 센스를 기억하게 될 것이다.

❷ 워드, 한글문서 작업완료 후 커서 위치를 첫 페이지 좌측 상단에 고정하고 저장하기

사소한 팁이지만, 공문서를 많이 작성하는 조직에서 필수적으로 알아두어야 한다. 문서작성 후 커서를 문서의 첫 페이지 좌측 상단에 두고 저장한다. 모든 문서는 마지막으로 저장한 커서의 위치가 있는 페이지에서 열린다. 만약 문서를 저장할 때 두 번째 페이지에 커서가 있는 상태에서 저장하면 문서를 열 때 2페이지가 열린다. 상사에게 보고하는 문서라면 제목과 목적, 작성자가 표기된 1페이지부터 보여야 한다.

문서를 처음 열었는데 첫 페이지가 아닌 마지막 페이지나 중간 페이지가 보이면 첫 페이지를 찾아가야 한다. 보는 사람 입장에서는 사소하지만 번거롭다. 서너 페이지 내외 문서라면 그나마 덜하다. 80페이지 분량의 문서를 열었는데, 53페이지부터 보인다면 어떨까? 받는 사람은 스크롤 압박부터 느끼며 짜증이 날 것이다. 완벽한 보고서 내용에 작은 옥의 티를 남길 이유는 없다.(일부 프로그램은 저장할 때 자동으로 첫 페이지에서 저장되도록 설정되어 있는 경우도 있다.)

❸ 저장된 파일 10초 이내 찾기

사무직 직장인들에게 문서작성은 일상이다. 직급이 낮을수록 문서를 작성해서 보고하는 업무가 빈번하다. 초년 시절 선배나 상사로부터 자료를 찾아서 전달해달라는 요구를 받는다. 컴퓨터에 저장된 폴더를 한참 뒤져서 10분이 지나서야 파일을 전달하는 경우가 생긴다. 반면 일 잘하는 선배는 5초 만에 자신의 컴퓨터에서 필요한 파일을 찾아 상사에게 전달한다. 그 선배에게 어떤 노하우가 있는 걸까? 선배는 업무특성에 맞게 폴더를 배치하고 정기적으로 폴더를 정리했다. 폴더는 머릿속의 서랍과도 같아서 서랍별로 어떤 내용이 있는지 구조화가 되어 있으면 머리보다 마우스가 먼저 움직이게 된다. 폴더를 주제별로 배치하고 주기적으로 정리하자. 상사나 선배가 자료를 요구했을 때 10초 이내에 전달하자. 이전과 다른 피드백이 올 것이다. 근무연수가 늘어나고, 자료가 방대해질수록 잘 정리된 파일은 당신의 업무효율을 높여줄 것이다.

❹ Best 보고서를 베껴라

보고서에는 직장인들의 희로애락이 녹아 있다. 인내의 땀방울과 야근의 흔적이 고스란히 녹아들어 있다고 해도 과언이 아니다. 보고서 덕분에 지긋지긋한 야근이 계속될 수도 있고, 상사로부터 인정을 받을 수도 있다. 어떻게 하면 보고서를 잘 작성할 수 있을까?

어렵게 접근하지 말고 쉽게 생각하자. 먼저 보고서 양식은 기존에 작성된 훌륭한 보고서를 참조하면 된다. 내가 구상하는 보고서의 논리흐름과 비슷한 양식을 찾아 적용한다. 상사의 머릿속에는 보고서의 방향과 결론에 대한 아웃풋 이미지가 있다. 그 이미지는 상사와의 대화를 통해 구체화할 수 있다. 상사가 그리는 미래 방향성에 내 생각을 과감하게 덧붙이면 보고서의 내용이 완성된다. 다양한 이해관계가 반영되어야 하는 보고서는 상사의 머릿속에 정답이 들어 있는 경우가 많다. 최대한 대화를 많이 하고 힌트를 얻고 Best 보고서 양식에 내용을 채워라.

❺ 미니(Mini)보고를 자주하라

직장생활은 보고로 시작해서 보고로 끝난다. 보고는 나의 업무 성과를 표현하는 수단이자 결과이다. 보고는 늘 어렵다. 상사가 처해 있는 환경, 상사의 컨디션, 생각, 보고시점에 따라서 결론과 코멘트가 달라질 수 있다. 업무 지침을 내린 상사는 진척상황이 늘 궁금하다. 배려심이 많은 상사라면 부하직원이 보고할 때까지 일단 기다려준다. 물어보지 않을 수도 있다.

하지만 내가 문제를 관리하고 있다는 사실을 알리기 위해서라도 상사가 묻기 전에 먼저 보고해야 한다. 그럼 언제 보고하는 게 적절할까? 틈틈이 하되 간략하게 보고하는 것이 좋다. 소위 미니보고라고 표현한다. 미니보고란 상사가 일이 진행되는 상황에 대해 궁금하지 않도록 평소에 가볍게 때와 장소에 구애받지 않고 보고하는 개념이다. 시사히면시, 장소를 이동하면서, 담배 피우면서, 차 한 잔 하면서 가볍게 업무진행상황에 대해 보고하면 상사도 일에 대한 감을 잡게 된다. 상사는 경험과 지혜가 있기 때문에 일의 진척과정을 대략 들어도 결론을 도출해볼 수 있는 식견을 가지고 있다. 미니보고를 실행한 실무자는 다음번 최종 보고를 할 때 편하게 마무리할 수 있다.

지금까지 소개한 5가지 보고요령은 현장에서 검증된 내용들이다. 이 외에도 수많은 업무 팁이 존재한다. 직장생활을 하다 보면 크고 작은 팁은 스스로 익히게 된다. 기억해야 할 것은 어느 분야든 최고 고수가 있다는 점이다. 그들에게 하나라도 더 배우기 위해 스스로 노력해보고, 때론 그들에게 자문을 구하자. 누구든 배우고자 하는 이의 요청을 쉽게 거절하지 못한다. 궁하면 통한다는 말이 있다. 일을 더 잘해보겠다는 마음은 일을 잘할 수 있는 탁월한 방법을 찾게 만든다.

08

보고서 100장 쓰기 vs
길에서 물건 팔기

어떠한 사람의 지식도 그 사람의 경험을
초월하는 것은 없다. _J. 로크

"길거리에서 디지털카메라를 팔아라"

갓 입사하고 신입사원 연수를 받던 시절, 낯선 도시를 방문해서
자사 제품을 판매하는 활동을 하게 되었다. 애사심을 높이고, 실전
영업경험을 체험하고 느껴보라는 취지에서 만들어진 프로그램이
었다. 나와 함께 입사한 차수의 동기는 200명으로 2인 1조로 나뉘
었다. 당시 유행하던 디지털카메라가 판매 제품으로 주어졌다.

제일 많이 팔겠다고 호기롭게 말했지만, 판매활동을 시작하기
도 전에 걱정과 의문이 앞섰다. 이제 갓 입사한 내가 물건을 팔 수
있을까? 생전 처음 보는 사람에게 제품을 사달라고 말이나 제대로
붙일 수 있을까?

동기들은 시내 한복판에서 파이팅을 외치며 뿔뿔이 흩어졌다. 우리 조는 사람들이 많이 모이는 곳은 무조건 들어가자는 전략을 세웠다. 은행, 마트, 주민센터를 차례로 방문했다. 뜨거운 여름날 땀이 비 오듯 쏟아졌다. 옷이 젖은 줄도 모른 채 정신없이 뛰어다녔다. 은행에 들어가 시원한 에어컨 바람을 느낄 새도 없이 나는 큰 소리로 말했다.

"안녕하십니까. ○○그룹 신입사원 최창기입니다. 저희는 오늘 신입사원의 열정과 패기를 앞세워 최고의 제품을 팔기 위해 여기에 왔습니다. 꿈과 희망을 갖고 출발하는 신입사원의 한마디에 귀 기울여주시면 감사하겠습니다."

나 자신이 얼마나 서툴고 낯설었는지 모른다. 하지만 두 번째 장소에서 입을 열어보니 조금이나마 어색한 기분을 털어낼 수 있었고, 세 번째부터는 자신감이 붙었다. 판매활동을 시작한 지 얼마 지나지 않아 제품을 팔게 되었다. 당시의 뭉클함과 보람은 10년이 지난 지금도 생생하다. 20만 원이 넘는 고가의 제품을 내 힘으로 팔았다는 사실이 신기했다. 두 번째 제품을 팔면서 어떻게 해야 팔 수 있는지 감을 잡았다. 온 시내를 돌아다니며 에너지를 쏟았다. 어느새 가지고 있던 20대의 카메라를 모두 팔았다.

늦은 오후, 동기들과 강당에 모였다. 카메라를 가장 많이 판 조를 발표했다. 놀랍게도 내가 속한 조, 우리 팀이 1등이었다. 온몸에 전율이 돈았다. 체력이 바닥난 상태였지만, 불가능할 것 같던 일을 해냈다는 성취감에 지금까지 느껴보지 못한 희열을 느낄 수 있었다.

"내일아침까지 보고서를 작성하라"

수십 장짜리 보고서를 작성하는 업무도 낯선 도시에서 처음 보는 사람에게 물건을 파는 일 못지않게 나에게 많은 것을 깨닫게 해주었다. 상사의 생각을 정리하고 문장을 만드는 작성자는 누군가의 대리인이다. 보고하는 위치에 있지 않아도 보고서를 작성해야한다. 보고서를 완성하고 나면 후련함과 보람을 느끼기에 앞서 걱정이 앞선다. 추가수정 작업이 발생하는 경우가 빈번하기 때문이다. 10년 동안 보고서를 작성해도 전문가가 될 수 없다. 작성자의 철학과 생각이 반영되기보다 상사의 의도를 전적으로 반영해야 하는 업무 구조의 한계가 있기 때문이다.

다음은 보고서를 작성해도 자신의 가치를 높이지 못하는 경우다.
- 자신이 보고하지 않지만, 보고서를 작성하는 경우(대리인)
- 자신의 생각과 분석이 들어가지 않는 보고서(대리인)
- 자료의 취합을 통한 단순 정리
- 단순 회의록 정리
- 기존의 것과 차별화되지 않은 내용의 보고서

위와 같은 방식으로는 몇 년간 보고서를 쓰더라도 성장하기 힘들다. 그 틀에서 벗어나지 못한다. 보고서 양식, 작성방법 등 일명 '보고서 문화'는 경영진의 업무방식에 의해 결정된다. 원 페이지(One page) 보고서 등 하나둘 다양한 방식이 등장하며 보고서 문

길거리에서 무작정 제품을 파는 일, 밤새 보고서를 작성하는 일 등 갖가지 사소한 업무 하나하나를 '나의 성장'과 연관 지어 생각해보라. 그러한 성찰이 탄탄하고 넓은 도약대가 되어 당신을 더 높은 곳으로 인도해줄 것이다.

화에 혁신을 불어넣으려는 움직임이 있긴 하지만 경영진의 생각이
바뀌지 않는 한 부하직원의 자리에서 보고서 대리작성 생활은 끝
나지 않는다.

나는 어느 순간부터 보고서만 작성하며 내 잠재력을 가두면 안
되겠다는 생각이 확고해졌다. 현실에 순응하고 만족하기보다 스스
로 성장할 수 있는 방법을 찾아야 한다는 생각이 점차 가슴속에서
싹텄다.

시장에 귀 기울이고, 고객을 만나라

신입사원 연수시절 직접 손품, 발품을 팔면서 제품을 팔아본 이
같은 경험은 가슴속에 나도 모르는 에너지가 들어 있다는 사실을
알게 되었다. 이를 통해 나 자신을 들여다볼 수 있었다.

"나는 물건을 팔 수 있다. 나는 열정이 많은 사람이다."

이렇게 주문하듯 되뇌며 자신감을 충전했다. 냉정하게 이야기하
면 한나절에 카메라 20여 대를 팔았을 뿐이지만, 사무직 직장생활
에서 쉽게 접할 수 없는 경험이었다.

직장생활을 하면 주어진 업무를 처리하기에도 바쁘다. 큰 기업
일수록 업무는 세분화되어 있다. 담당 부서가 아니면 고객을 직접
만나볼 기회는 거의 없다. 정해진 업무와 틀 속에서 반복적으로 일
하게 된다. 매너리즘에 빠질 때마다 나는 신입사원 시절 카메라를
판매했던 경험을 떠올린다. 회사의 온실을 벗어나 세상의 역동적

인 움직임을 접할 수 있는 기회였다.

　사무실에서의 보고작성과 길거리에서의 카메라 판매 경험으로 나는 내가 어떤 것을 잘하고, 어떤 것을 싫어하는지 돌아볼 수 있었다. 회사 입장에서 보면 보고서 작성도 중요하지만, 고객에게 제품을 직접 팔 수 있는 능력은 더욱 중요하다. 회사는 어려움에 처하면 가장 먼저 영업력을 강화한다. 시장의 정보와 흐름을 읽고 매출을 높이는 일에 자원을 집중한다. 하나라도 더 팔 수 있는 영업능력이야말로 어떤 기능보다 우선시 된다.

　책상에 앉아 보고서 작성에 공들이는 것 못지않게 제품이 만들어지는 시장, 제품이 팔리는 시장에 귀를 기울여라. 기회가 된다면 고객을 직접 만나라. 지금까지 경험하지 못한 건강한 자극을 얻을 수 있을 것이다.

••• Part 3 •••

직장생활은
마인드컨트롤과
심리전의 연속이다

01

내가 일하는 이유

비관주의자의 말은 옳다. 하지만 세상을 변화시키는 것은 낙관론자다. '무엇을', '어떻게'만 묻는 사람과, '왜'를 묻는 사람의 차이다. _시이먼 사이넥

매너리즘에 빠진 직장인을 깨운 한마디, Why!

———

나도 10년차 직장인이다. 입사 초기에는 새로운 조직에 적응하느라 힘들었지만 이젠 여느 직장인과 다름없이 아침이 되면 몸은 자연스럽게 회사로 향한다. 학창 시절 신기하게 바라본 전형적인 직장인의 모습이다. 한국 사회에서는 '때'가 중요하다. 때가 되면 울리는 사회적 알람에 저항하지 못한 나도 대학을 졸업하고 직장을 가는 수순을 그대로 밟았다. 출근도 관성이다. 피곤한 몸뚱이를 이끌고 직장에 나가는 건 습관처럼 익숙해졌다. 머리보다 몸이 먼저 나가는 것은 출근에도 관성의 법칙이 적용되기 때문이다.

혹자는 매일 아침 일어나서 거울을 보고 오늘 할 일을 상상할 때

기슴이 뛰지 않으면 자신이 좋아하는 일이 아니라고 했다. 좋아하지 않는 일은 재미있게 할 수도 없고, 평생 할 수 없다고 했다. 매일 일터로 향하는 직장인들은 진정성 있는 고민을 해야 한다. 내 가슴의 불을 다시 타오르게 할 연료는 무엇인가? 출근의 관성에 의해서 직장에 가서 주어진 일만 하고, 다시 집으로 돌아오는 생활만 반복할 것인가? 가슴 뛰는 일을 하며 하루하루 역동적인 삶을 살 것인가? 일에서 잠시 떨어져 자신이 열정적으로 몰입했던 순간들 떠올려보라.

배경지식과 생각이 많이 필요한 책보다 가볍게 술술 읽히는 책이 대세다. 텍스트보다 영상이 편한 시대다. 회사의 조직문화에 대해 이런저런 생각을 하던 시기, 유튜브를 뒤적이던 중 TED 강의 하나가 눈에 띄었다. 사이먼 사이넥(Simon Sinek)이 강의한 '나는 왜 이 일을 하는가?(Start with Why)'였다. 강의 제목에 꽂혀 듣게 되었다. 조직문화와 관련해서 무언가 실마리를 찾을 수 있을 것 같았다. 짧은 강의였지만 텍스트로 통찰을 얻기 위해 책도 읽었다. 책의 내용은 매너리즘에 빠진 나에게 적잖은 자극을 주었다. 지금 하고 있는 일에 대해 스스로에게 질문을 던지고 진지하게 생각해 볼 수 있는 계기가 되었다.

달콤한 잠자리를 박차고 회사로 향하는 진짜 이유
——

'나는 왜 이 일을 하는가?'

'나는 일을 왜 하는가?'라는 말과 비슷한 질문으로 보이지만 한 번 더 생각해보면 관점이 다르다는 걸 알 수 있다. 처음 이 질문을 받았을 때 일을 왜 하는가에 중점을 두었다. 하지만 곰곰이 생각하면 지금 하는 일을 중심으로 초점을 맞춘다면 전혀 다른 답을 도출해낼 수 있다. 주어진 일만 하다가, 갑자기 질문에 답을 하려고 보니 억지로 이유를 만들어내는 나를 발견했다. 내가 정리한 난순한 답은 아래와 같았다.

'내가 재미있게 잘할 수 있어서.'

'나에게 주어진 업무라서.'

'조직의 필요에 의해서?'

'회사가 사업을 영위하는 데 최적의 휴먼리소스를 제공하기 위해?'(교과서적 답변)

'돈을 벌기 위해서.'

근사한 답을 만들려고 해도 만들어지지 않았다. 몇 가지 궁색한 대답만 나올 뿐이었다. 사이먼 사이넥은 세 개의 원으로 구성된 골든 서클(Golden Circle)이라는 개념을 통해 '나는 왜 이렇게 행동하는가?'에 대한 근거와 이유를 설명했다. 제일 안쪽 원은 'why(왜)', 중간의 원은 'how(어떻게)', 제일 바깥 원은 'what(무엇)'에 대한 원이다. 기업과 개인은 바깥에서부터 안쪽 원으로 들어가면서 자신이 하는 일을 설명할 수 있다고 한다. 골든 서클에서 가장 중요한 안쪽 원에 대해 사이먼 사이넥은 이렇게 설명한다.

"왜why: 기업이든 거기 몸담은 개인이든 '왜 이 일을 하는가?'에 대해 망설임 없이 분명하게 설명하기는 그리 쉽지 않다. 퍼뜩

띠오르는 손쉬운 답은 있다. '돈을 벌기 위해서.' 하지만 그것은 목적이 아니다. 결과일 뿐이다. '왜?'라는 질문이 원하는 것은 이유, 목적, 신념 같은 것이다. 당신 회사의 존재 이유는 무엇인가? 매일 아침, 당신은 무엇을 위해 달콤한 잠자리를 박차고 일어나는가? 그토록 애를 쓰는 이유는 무엇인가?"

사이먼 사이넥의 골든 서클

'왜'라는 질문은 목적, 신념을 포함하여 생각 이상을 뛰어넘는 내용들이었다. 책에서는 애플의 사례를 들어 쉽게 설명했다.

"애플은 무엇(제품)을 어떻게(탁월한 마케팅과 기술력) 파는지 잘 알고 있었다. 마지막 원의 대답은 애플이 그동안 변치 않도록 지켜온 가치였다. 애플의 '왜'는 라이프스타일이었다. 무엇(What)과 어떻게(How)를 뛰어넘는 애플의 신념은 라이프스타일을 판다는 것이었다. 애플이라는 회사의 '왜'가 애플의 철학이 되는 것이다."

제품이 존재하는 이유를 먼저 생각하고, 사람들이 제품을 원하는 이유와 연결시켜 생각하라고 사이먼은 강조한다. 내가 일하는 회사에서는 공작기계를 만들어 팔고 있다. 사이먼이 말한 '왜'라는 물음을 공작기계 제품에 던져보았다. 회사는 고객에게 공작기계 이상의 어떤 가치를 파는지 생각해보았다.

무엇을(what) 넘어 왜(why)를 떠올리는 건 쉽지 않았다. 기계성밀도, 브랜드, 서비스, 안정성과 같은 평범한 단어가 아닌 공작기계의 가치를 표현할 멋진 단어가 있지 않을까? 스스로에게 같은 질문을 던져보라. 나는 왜 이 일을 하는가? 금방 답하기 어렵겠지만 질문을 통해 진지하게 일의 의미에 대해서 생각해볼 수 있는 기회가 될 것이다.

'Why'는 본질을 꿰뚫어 보기 위한 출발점이다
—

사이먼의 책을 읽던 시점에 회사에서는 'Why 캠페인'이라는 활동을 전사적으로 실시했다. 'Why 캠페인'이란 일을 할 때 지시하는 사람, 지시받는 사람 모두 일을 왜 해야 하는 질문을 먼저 던지고 일을 시작하자는 캠페인이었다. 'Why'라는 질문을 통해 일의 의미를 찾고 커뮤니케이션의 정확도를 높이며, 불필요한 일은 시작하지도 말자는 활동이다. 누구나 알고 있는 내용이지만 직장생활에서 실천할 수 있도록 회사에서 캠페인을 시작한 점은 인상 깊었다.

하지만 '한국 기업 정서에 잘 적용될 수 있을까?'라는 의문이 생겼다. 높임말이 없는 영어문장에서는 'why'라는 말이 편하게 일상적으로 쓰일 수 있다. 그 관계가 직장상사와 부하직원 간에도 말이다. Why를 구어체로 하면 '왜요?'라는 표현이 된다. 상사가 업무를 지시했을 때 부하직원이 이유가 궁금해서 "왜요?"라고 말했다. 듣는 상사의 기분은 어떨까? 상사는 일을 해야 하는 이유를 친절하게 설명하겠지만 속으로 이렇게 생각할 수도 있다.

　'내가 일을 해야 하는 이유에 대한 설명을 잘 못한 건가?'

　'내가 지시를 정확하게 하지 않아서 물어보는 건가?'

　'시키는 대로 하면 될 걸, 굳이 이유를 물어보는 이유가 뭘까?'

　'내가 시킨 일이 하기 싫어서 말대꾸하는 건 아닐까?'

　'나도 잘 모르는데 왜 물어보는 걸까?'

　뉘앙스에 따라 다르겠지만 "왜요?"라는 단어는 질문자의 호기심보다는 말대꾸로 느껴지는 단어로 인식되고 있다. 캠페인을 잘 확산시키려면 의미는 전달하면서, 표현은 다르게 할 필요가 있다. 같은 내용이라도 표현만 다르게 하면 자연스럽게 받아들일 수 있다.

　"일을 지시하신 이유에 대해 간단히 설명 부탁드립니다."

　"일을 추진해야 하는 이유는 무엇인가요?"

　"일을 추진해야 하는 배경이 궁금합니다."

　'왜'라고 묻지 않는 세상에 '왜'라는 질문을 던진 사이먼 사이넥,

당신의 모든 행동에 의미를 부여하고 생각을 깨어나게 하는 시작과 끝의 단어.

인의 효율과 원활한 소통을 위해 진행한 'why 캠페인'처럼 '왜'가 들어간 질문의 힘은 생각보다 크다. '왜'를 떠올리는 습관은 일의 본질을 꿰뚫어 보기 위한 시작이다. 상사가 지시하는 업무에 대해 당연하게 받아들이지 말고, 한 번쯤은 why를 던져라. 질문은 상사와 나를 한 번 더 생각하게 만든다. 따라서 일의 본질과 목적에 쉽게 다가갈 수 있다.

02

당신의 생각을
자유롭게
표현하라

현대의 경영이나 관리는 커뮤니케이션으로 좌우된다. 인
간에게 가장 중요한 능력은 자기표현이다. _피터 드러커

순응이 곧 최선의 처세로 받아들여지는 사회

말콤 글래드웰은 《아웃라이어》에서 1997년 8월 괌으로 향하던
대한항공 여객기 추락사건과 1990년 1월 컬럼비아 항공사의 아비
앙카(Avianca) 52편이 추락한 사건을 소개한다. 비행기 추락사고
의 원인은 몇 가지 형태로 정해져 있는데, 《아웃라이어》에서는 주
요 원인으로 비행기 조종실 내부 구성원(기장, 부기장, 기관사 등)
간 커뮤니케이션 실수에 주목한다.

사고조사 결과 두 가지 항공기 추락사건 모두 조종실 내부 커
뮤니케이션 문제를 안고 있었다. 비행기 운항에 대한 정확한 정
보를 알고 있던 부기장은 자신의 의문을 기장에게 적시에 말하

지 못했고 그 결과 대형 사고로 이어졌다. 저자는 문화적 원인에서 그 이유를 찾고 네덜란드 사회학자인 기어트 홉스테드(Geert Hofstede)의 '권력간격지수(Power Distance Index)'로 이를 설명한다. 권력간격지수란 특정 문화가 위계질서와 권위를 얼마나 존중하는지를 나타내는 지표다. 이를 측정하기 위해 홉스테드는 '직원들이 관리자의 의견에 동의하지 않지만, 두려워서 자기 의견을 드러내지 않는 일이 얼마나 자주 발생하는가?'라는 질문을 했다. 또한 조직이나 집단 내에서 권력이 약한 구성원이 권력이 불평등하게 분배되고 있음을 인정하거나 혹은 그렇다고 짐작하는지 알아보기 위해 '나이 많은 사람이 얼마나 존중받고 또한 두려움의 대상이 되고 있는가?' 그리고 '권력층이 특권층으로 받아들여지고 있는가?' 같은 질문을 추가적으로 제시했다.

홉스테드의 연구는 항공 산업계에서 누구도 의심해본 적 없던 부분에 대해서도 묻고 있다. 부기장들이 자기 의견을 드러내도록 하는 것은 그가 자라온 문화의 권력간격지수에 큰 영향을 받는다는 점이다.

자신이 하는 일에서 성공할 수 있는 능력은 출신지의 성격과 강하게 결합되어 있기 때문에 권력간격지수가 높은 문화에서 좋은 조종사가 나오기란 쉽지 않을 수 있다. 조종사들의 권력간격지수 상위 5위에 속하는 나라는 다음과 같다.

1. 브라질
2. 한국

3. 모로코

4. 멕시코

5. 필리핀

이것을 국가별 비행기 추락사고 발생횟수와 대조하면 보기 좋게 맞아 떨어진다. 한국이 권력긴격지수 조사에서 상위 랭크된 사실은 당연한 결과다. 직장, 학교, 군대 등 여러 조직을 들여다보면 그 증거들을 쉽게 찾을 수 있다. 위계질서와 권위, 체면을 중시하는 문화로 인해 직장에서도 상사의 의견에 별다른 반대 없이 조직원들은 의견에 동조하게 된다. 순응이 곧 최선의 처세로 받아들여져 무비판이 조직의 핵심문화가 되기 십상이다.

온 조직이 일사천리로 움직이는 마법의 한마디, '사장님 지시사항'

—

CEO가 말하고 부하직원은 받아쓰기만 하는 장면은 일반 직장 회의석상에서 쉽게 볼 수 있다. CEO는 자신의 의견과 지시사항을 쏟아내기 바쁘고, 회의에 참석한 리더들은 CEO의 말씀을 수첩에 받아쓰느라고 정신없다. 회의 참석자들은 자신의 생각과 다를지라도 CEO의 지시사항이므로 일단 적고 본다. 오죽하면 부하직원들이 경영층 회의를 '받아쓰기 시간'이라고 꼬집겠는가.

CEO 지침대로 따르면 좋은 점이 있다. CEO 지침의 방향과 다른 방법에 대해 특별히 고민할 필요가 없다는 점이다. CEO의 지시대로 진행했으니 절반의 성공이다. 혹시나 일이 잘못되더라도 CEO의 지시사항이라는 면책용 카드가 남아 있다. CEO에게 간접적으로나마 연대책임을 물을 수 있는 빌미도 된다. 상사의 지시에 대해 다른 의견을 제시하는 일은 자신에게 마이너스가 되는 행동이다. 이러한 태도에는 상명하복이 철저히 요구되는 한국의 기업문화가 진하게 투영되어 있다.

직장생활에서 그 어떤 논리도 이길 수 있는 최고의 말이 있다. 바로 '사장님(CEO) 지시사항'이다. 사장님 지시사항은 안 되는 일도 가능하게 하며, 없던 건물도 새로 짓게 만든다.(여기서 지칭하는 CEO는 전문경영인과 오너를 모두 포함한다.) 현업에서 수십 년간 기술역량을 쌓은 최고의 전문가 의견도 사장님 지시사항을 뛰어넘지 못한다.

사장님 지시사항을 등에 업은 일은 날개를 달고 관련된 부서를 누빈다. 마치 신호등 없는 뻥 뚫린 고속도로를 최고속도로 달릴 수 있는 티켓을 얻은 것과 같다. 사장님 지시사항이라는 꼬리표가 달린 이메일은 다른 부서들이 간섭할 틈도 주지 않는다. 그렇게 까다롭게 검증하며 업무추진의 발목을 잡던 기술, 재무, 인사, 전략 관련 부서들도 사장님 지시사항 앞에선 무너진다. 일이 진행되는 건 시간문제다.

종종 신문기사나 뉴스에서는 한국에서 창의적이고 혁신적인 세계적 기업이 나오기 어려운 이유에 대한 분석이 나온다. 다음과 같은 이유를 들어 설명하고 있다. 경직된 조직문화, 상명하복 업무체계, 강력한 위계질서, 토론 없는 회의, 오너경영(재벌) 등이 원인으로 지목된다. 빨리 성장해야 하는 산업성숙기에는 이런 방법이 통했지만 창의성과 융합의 시대에는 새로운 방법이 나와야 되지 않을까?

의견을 말하라, 새로운 통찰을 얻을 것이다
—

중간관리자인 손 과장은 실무자와 임원 사이의 의견조율을 잘하는 능력으로 동료들로부터 신임을 받고 있다. 한 해 사업계획을 점검하며 내년도 사업계획을 구상하는 회의에 부서 전체 팀원이 참석했다. 임원은 내년도 사업계획에 대해 자유로운 의견 교환을 제안했다. 임원은 강력한 리더십으로 팀을 리드하는 스타일이다. 게다가 치밀한 자기관리로 부하직원 사이에도 빈틈없는 상사로 각인되어 있다. 부하직원들은 임원에게 자기의견을 말하는 데 어려움을 느끼고 있었다. 임원의 설명이 이어지자 손 과장이 손을 들고 의견을 제시했다.

"상무님, 저는 내년 사업계획에 대해 조금 다른 관점으로 접근했으면 합니다. 업계 트렌드(Trend)와 경기상황을 고려할 때 A프로젝트 목표가 과도하게 반영된 것 같습니다. 다른 방안을 검토했으면 합니다. 상무님 생각은 어떠십니까?"

손 과장은 임원이 주재한 회의에서 편안하게 자신의 의견을 이야기했다. 섣부른 의견일 수도 있었지만 평소 생각을 자연스럽게 쏟아졌다. 임원도 손 과장의 의견을 충분히 경청한 뒤 의견을 말했다. 손 과장은 평소에 임원 및 다른 이해관계자들에게 자신의 의견을 자연스럽게 전달하는 연습을 해왔다. 이날 회의에도 불편함 없이 의견을 말할 수 있었던 이유도 평소의 연습 덕이다.

대다수의 회사는 수직적 조직의 탑다운(Top-down) 업무구조로 이루어져 있다. 부하직원이 상사에게 자신의 의견을 피력할 수 있는 여건과 분위기가 형성되어 있지 않다. 부하직원은 오직 상사의 업무지시와 방향에 대해 메모하고 긍정의 대답만 할 뿐 별다른 코멘트 없이 일을 수행한다. 회의에서 의견 교환을 찾아볼 수 없다. 최상급자만 이야기하고 나머지 직원은 침묵한다.

직장인들이 별다른 고민 없이 상사의 의견을 무비판적으로 수용하는 모습은 어디서 기인한 것일까? 앞서 소개한 말콤 글래드웰의 저서《아웃라이어》에 소개된 권력간격지수의 개념을 떠올리면 금방 답을 찾을 수 있다.

하지만 세상은 빠르게 변화하고 있다. 이전까지 겪지 못한 새로운 기술적 빅뱅이 시작되었다. 산업 내 혁신도 예측할 수 없을 정도로 진행되고 있다. 매스컴은 연일 4차 산업혁명이라는 단어를 앞다투어 보도하고 있다. 그 어느 때보다 미래 예측이 힘든 시기다.

말단 사원의 좋은 아이디어가 죽어가는 사업을 살릴 수도 있다. 중간관리자의 비판적 의견이 회사의 장기적 수익을 높여줄 수도 있다. 좋은 생각과 건강한 비판을 숨기기엔 세상이 변하는 속도가 더 빠르다. 새로운 생각과 비판적 의견, 대안제시 능력이 직급, 능력을 떠나 자유롭게 쏟아져 나와야 한다. 이전의 성공방식은 앞으로의 성공을 보장해주지 못한다. 시대와 세대에 맞는 새로운 경영방식과 인재들이 등장해야 한다. 만능열쇠인 사장님 지시사항이라는 문구에 당당하게 근거와 이유를 들어 반론을 제시할 수 있는 인재와 조직문화가 필요하다. 한 명 한 명의 열린 사고와 행동이 직장 내에서 권력간격지수를 낮추고 건강한 조직문화를 만드는 데 일조하게 될 것이다.

권력간격지수가 높은 한국, 특히 직장 내에서 자신의 의견을 자유롭게 얘기하며 토론하는 모습은 상상하기 힘들다. 한 번에 바뀌는 건 없다. 연습이 필요하다. 자신의 생각과 논리를 자유롭게 펼치는 동료들을 벤치마킹하라. 지금까지 상사의 의견에, 다수의 의견에 동조하고 있었다면 상사에게 내 생각을 논리적으로 전달하는 연습을 하라. 틀려도 좋다. 그동안 느끼지 못했던 새로운 통찰을 얻을 수 있을 것이다.

당신만의 의견을 정중하게 상사에게 제시하라. 상사는 당신의 의견에 귀를 기울이기 시작할 것이다. 게다가 당신의 의견을 듣고 자신의 업무지시에 대해서도 한 번 더 고민할 것이다. 상사에게 자연스럽게 자신의 의견을 제시하면 문제를 바라보는 눈높이도 비슷해진다. 문제에 대한 고민의 깊이와 관점도 상사와 비슷한 수준으로 맞춰진다.

작은 변화를 통해 다음 대화부터는 상사가 당신에게 먼저 의견을 묻게 될지도 모른다.

03

재미를 느끼는 일을
해야 하는 이유

우리는 인생의 80%를 일하면서 보낸다. 퇴근 후 재미를 찾는데, 왜 직장에서 재미를 찾지 않는가? _리처드 브랜슨

직장은 재미있으면 안 되는가?

직장 동료들 사이 흔히 하는 대화에서 지금 하는 일이 재미있냐는 질문에 대한 대답은 대체로 다음과 같다.

"일단 배우면서 재미를 찾아가고 있어, 쉬운 게 없으니까."

"재미있는 것도 있고, 재미없는 것도 있지요."

"일이 재미있다고요? 그냥 먹고 살기 위해 하는 거죠."

"일에서 재미를 느끼는 사람이 있나요?"

일이 재미있냐는 질문에 황당한 표정을 짓는 경우도 있다. 말도 안되는 질문을 하냐는 의미다. 그렇다면 일에서 재미를 느끼는 사람은 어떤 사람일까? 일에서 조금이라도 재미(흥미)를 느껴 일하

는 사람들의 공통된 특징이다.

- 일을 하면서 내가 성장하는 느낌을 받고 있다.(역량, 가치, 능력, 인지도)
- 내가 좋아하는 분야의 일을 한다.
- 일을 하면서 보람과 희열을 느낀다.
- 내가 하는 일이 어딘가에 도움이 된다고 느낀다.(사회발전, 조직발전, 개인발전)
- 퇴근 후에도 어떻게 하면 일을 잘할 수 있을지 고민한다.(조직기여)

주어진 일이니까 해야 한다고 생각하며 일을 하는 사람들은 일에 재미를 느끼지 못한다. 일을 시간만 보내는 수단으로 생각하고 있었다. 한 분야에서 뛰어난 업적을 이룬 사람들은 하나같이 자신이 좋아하는 일을 하라고 이야기한다. 그 이유에 대해서 이렇게 설명한다.

좋아하는 일을 하면 성공할 확률과 삶의 만족도가 높아진다. 한 분야에서 성공하기 위해서는 최소 1만 시간 이상을 투자해야 한다. 남들보다 몇 배 이상 시간과 노력을 투자해서 전문성을 쌓아야 한다. 짧지 않은 시간이다. 긴 시간 동안 한 분야에서 일하기 위해서는 그 일을 좋아하지 않으면 안 된다. 좋아하는 일을 해야 오랫동안 싫증 내지 않고 일을 할 수 있다. 좋아하는 일을 하다 보면 어느 순간 일을 한다는 느낌이 들지 않을 때가 있다.

일을 한나는 자원을 넘어서면 일을 즐기게 된다. 일을 즐긴다는 의미는 일과 삶이 통합되어 온전히 몰입할 수 있는 놀이의 수준으로 발전된 것을 말한다. 일에서 재미를 느끼는 경지에 오르면 당신의 경쟁자가 따라오지 못하는 수준에 도달한 것이다. 일을 즐기는 사람은 절대 이길 수 없다. 그들은 일에 대한 몰입도도 매우 높다. 자연스럽게 일하는 분야에서 성공할 확률이 높아진다. 선순환 과정은 반복된다.

자신이 좋아하는 분야를 업으로 삼고 직장생활을 시작하면 제일 좋다. 그러나 현실에서는 쉽지 않은 일이다. 취업을 목적으로 삼아야 하다 보니 어떤 일이 자신에게 어울리고, 좋아하는 일인지 충분히 숙고하지 못한 채 직장생활을 시작하게 된다. 입사와 동시에 일을 선택하기란 쉽지 않다. 직장에서 주어진 일, 달성해야 되는 목표만이 부여된다. 내가 일을 선택하지 못했더라면 일을 하면서 조금이라도 재미있는 요소를 찾아야 한다.

당신은 일을 하면서 언제 재미를 느꼈는가? 스스로에게 묻고 생각해보자.

기계를 만드는 기계라고 불리는 공작기계는 수백, 수천 개의 부품이 조립되어 완성되고 고객의 손에 전달된다. 고객들은 공작기계를 활용하여 초정밀 기계부품을 만들어낸다. 때문에 공작기계의 정밀도 수준은 어느 산업군보다 높아야 한다. 기계가 생산되는 과정에서 부품불량, 장비성능 이상, 조립불량, 작업방법 개선요소 등여러 가지 문제들이 발생한다.

생산과정에서 문제가 생기면 현장에서 기술자들과 함께 문제에 대해 고민한다. 문제를 단번에 해결하기는 쉽지 않다. 발생 원인부터 찾기 시작한다. 과거에 발생된 문제해결 사례도 찾아본다. 전문가들에게 자문도 구한다. 끈질긴 추적 끝에 문제의 원인을 찾아 해결한다. 문제를 분석하는 과정에서 새로운 지식을 쌓는다. 문제해결 과정을 통해 조금씩 성장하고 있음을 느낀다. 새롭게 알게 된 내용은 동료들과 공유한다. 물론 해결이 어려운 문제가 훨씬 더 많다.

'기계는 거짓말을 하지 않는다.'

'모든 문제는 발생 원인이 있다. 다만 밝혀지지 않을 뿐이다.'

'문제를 많이 접할수록 실력은 향상된다.'

문제를 해결하는 과정은 쉽지 않다. 스트레스도 받고, 짜증도 난다. 하지만 성장의 과정이라 생각하고 작은 재미를 찾으려고 노력한다. 작은 재미라도 찾으면 덜 힘들어지고 지속적으로 일을 할 수 있다. 누군가 말했다. 직장 일에서 재미를 찾는 건 사치라고. 직장에서의 일은 그저 먹고 살기 위한 생계수단일 뿐이다. 한참 일에서 재미를 찾아보려고 애쓰던 시절에 들었던 그 말은 충격적으로 다가왔다. 그렇다면 어떻게 해야 할까?

직장에서 주특기 찾기 매트릭스

―

일을 선택할 수 없다면 지금 하고 있는 일에서 어떻게든 조금이라두 재미를 찾고 조직 내에서 성장할 수 있을지 생각하라. '직장에서 주특기 찾기 매트릭스'를 통해 내가 하는 일들을 구분해보자. 매트릭스를 활용하는 방법은 다음과 같다.

첫 번째, 직장에서 자신이 하고 있는 일을 분류한다.(예: 제품원가 분석하기, 품질문제 해결하기 등)

두 번째, 분류된 일 중 재미를 느끼는 정도와 일을 잘하는 정도를 구분한다.

세 번째, 분류된 일을 사분면별로 배치한다.

네 번째, 각 사분면에 위치한 일들을 어떻게 처리할지 방법을 생각한다.(예: 안 하는 방법, 외주화 등)

다섯 번째, 4분면에 위치한 일들이 나에게 주는 의미에 대해서 생각한다.

여섯 번째, 주기를 정해서 매트릭스를 다시 작성해본다.(예: 6개월에 1회, 1년에 1회 등)

직장에서 자신이 하고 있는 일들을 정리하고 매트릭스에 채워보자. 머리로만 알고 있던 내용이 텍스트로 옮겨지면 좀 더 객관적인 관점에서 자신의 일을 살펴볼 수 있다.

각 사분면에 위치한 일들이 지닌 의미에 대해 생각해보라. 자신이 재미를 느끼면서 잘하는 일은 몇 개인가? 1사분면에 위치한 일은 지치지 않고 지속적으로 할 수 있다. 남들보다 좋은 성과를 만들어낼 확률도 높다. 1사분면에 위치한 일들은 연관된 항목을 발

직장에서 주특기 찾기 매트릭스

2사분면	1사분면
재미있으면서 못하는 일	재미있으면서 잘하는 일
재미없으면서 못하는 일	재미없으면서 잘하는 일
3사분면	4사분면

재미 (세로축)

능력 (가로축)

굴해서 계속 발전시켜나가야 한다. 1사분면에 있는 일들은 직장에서 나의 주특기가 될 확률이 높다. 더 나아가 직장을 넘어 나의 직업과도 연계될 수 있다. 남들과 차별화할 수 있는 역량이다. 3사분면에 위치한 일들은 계속하고 오래해도 나의 발전에 도움이 안 된다. 이런 유형의 일들은 직접 하지 않거나 다른 사람에게 맡기는 방법을 찾아야 한다. 3사분면의 일은 발전이 없고 시간만 뺏기는 일들이기 때문에 줄여야 한다. '주특기 찾기 매트릭스'를 활용해서 우리는 스스로를 돌아볼 수 있다. 최소한 내가 좋아하고 싫어하는 일들을 종이에 적어보고 시각화를 통해 나에 대해서 정확하게 알 수 있다.

성과 관점에서 생각해보자. 2사분면의 일은 재미있으면서 못하는 일이다. 지금은 못하지만 재미를 느끼고 있기 때문에 시간이 지나면 잘할 수 있는 확률이 높다. 1사분면에 위치한 일들은 경쟁력도 있고 재미를 느끼고 있기 때문에 탁월한 성과가 예상된다. 4사분면의 일은 재미는 없지만 이미 잘하고 있다. 재미는 없지만 성과는 만들어낼 수 있다. 따라서 가장 먼저 고민해봐야 될 일은 3사분면의 일들이다.

직장에서도 재미를 찾을 수 있다는 생각을 해보자. 매일 반복되는 일상 속에서 작은 재미는 내 안에 숨어 있는 잠재력과 가능성을 끌어낼 수 있는 도화선이 될 수도 있다.

04

스트레스를 해소하는
나만의 방법을 찾아라

풍파는 언제나 전진하는 자의 벗이다. 풍파
없는 한해는 얼마나 다소로운가. 고난이 심
할수록 나의 가슴은 고동친다. _니체

자신만의 스트레스 해소법이 있는가?

"요즘 소화가 잘 안 돼요. 식욕도 없고, 벌써 3주째 무기력합니
다."

"어디 아픈 거 같은데, 병원이라도 한번 가봐."

"내과랑 한의원에 가서 검진 받았는데 이상 없대요."

"나도 그런 적이 있었는데, 분명 원인이 있을 거야. 스트레스 때
문인 거 같은데. 요즘 고민되는 일 있어?"

"저는 스트레스에 강하다고 믿었는데. 최근 회사일로 고민이 있
긴 있었죠."

"스트레스 때문이네. 마음의 병이다. 휴가 쓰고 여행 다녀오면

좋아질 거야."

"무슨 방법을 사용해서라도 활력을 찾았으면 좋겠어요."

최 대리는 무기력증에 빠져 소화불량을 벌써 3주째 앓고 있다. 별문제 없이 지내다가 몇 주째 소화도 안 되고 식욕이 부진하다. 며칠 지나면 괜찮겠지 하고 생각했는데, 증상이 멈출 기미가 보이질 않는다. 어딘가 아픈 것도 아닌데 먹는 것을 좋아하는 사람이 식욕이 없어질 정도면 어딘가 탈이 난 게 분명하다. 몸살에 걸린 것도 아닌데, 온몸은 힘이 없고 무기력하다. 회사도 겨우 출근해 주어진 일만 마무리하고 퇴근한다. 내과에 갔다. 증상을 이야기했더니 의사는 이렇게 얘기했다.

"제가 볼 땐 스트레스 때문입니다. 학생 때 시험 보기 전에는 피곤하고 지치고 배도 아프다가 시험만 마치면 씻은 듯이 없어지는 그런 경험 하셨죠? 스트레스의 뿌리를 없애보세요. 금방 좋아질 겁니다."

의사의 이야기를 듣고 나서 최 대리는 한결 마음이 놓였다. 하지만 그것도 잠시, 증상은 계속되었다.

이번에는 한의원을 찾아갔다. 한의사는 배에 장침을 놓고 소화기관에 문제가 있을 수도 있으니 약을 챙겨 먹으라고 권했다. 집에 오는 길에 컨디션이 떨어진 이유를 곰곰이 떠올려 보았다. 스트레스가 원인일 수도 있을 것 같았다. 회사에서 자신을 괴롭히던 작은 고민 하나가 떠올랐다.

현재 맡고 있던 업무에서 다른 업무로 변경해야 하는 상황이 생겼다. 본인의 의사와는 다르게 조직의 필요에 의해 업무가 변경되었다. 최 대리는 당황했다. 갑작스럽게 업무가 바뀐 상황을 받아들일 수가 없었다. 이 상황을 머리로는 받아들였지만, 마음속으로는 쉽게 받아들일 수 없었다. 회사의 목적에 맞게 움직여야 하는 것이 직장인의 숙명이지만, 최 대리는 순순히 받아들이지 못했다. 생각지도 못한 바뀐 업무를 어쩔 수 없이 감당하며 시간은 흘러갔다.

결론적으로 최 대리 혼자서 고민하며 스트레스를 키운 것이 몸의 이상 반응으로 나타난 것이다. 혼자 마음고생을 겪으며 스트레스를 쌓아온 것이다. 최 대리는 어떻게 하면 컨디션을 올리고 스트레스를 없앨 수 있을지 생각했다. 맛있는 음식도 먹어보고, 운동도 했다. 차츰 복잡한 생각의 고리가 끊어지는 느낌이 들면서 스트레스도 조금 줄어드는 듯했다. 하지만 이전처럼 회복되지 않았다.

최 대리는 편하게 지내는 선·후배들과 모여 맛있는 음식을 먹으며 이야기를 나누었다. 2차로 노래방에 가서 실컷 노래를 부르며 놀았다. 잠시 고민에서 벗어나 다른 일상을 즐겼다. 다음 날 아침, 최 대리는 상쾌한 기분으로 일어났다. 발끝에서 머리까지 에너지가 솟아오르는 걸 느끼며, 서서히 정상적인 컨디션으로 돌아오는 것을 느꼈다. 그동안은 머리로는 스트레스를 안 받아야겠다고 생각했지만 몸과 마음은 피해를 고스란히 입고 있었던 것이다. 스트레스가 원인인 줄 모르고 병원과 한의원을 찾아다닌 최 대리는 피식 웃음이 나왔다. 좋아하는 사람들과 웃으면서 이야기하고 맥주 한잔하는 것만으로도 어느 정도 스트레스가 풀린다는 사실을 확인한 후 한결 가뿐해진 마음으로 직장생활에 임했다.

부정적으로 작동한 뇌에는 웃음이 나오지 않는다. 재미있는 이 아기, 웃을 수 있는 상황, 유머 넘치는 사람들을 만나면 웃음이 절로 나온다. 마음도 가벼워지고, 의욕도 샘솟는다. 최 대리는 자신이 과거에도 이런 방식으로 스트레스를 해소했다는 점을 떠올리게 되었다. 직장생활 초반까지는 스트레스 따위는 안 받을 거라고 다짐했지만, 머리와 마음은 스트레스를 인지하고 있던 사실도 새롭게 알게 되었다. 마음속에 각인된 스트레스의 기억을 즐거운 기억으로 바꾸기 위해서는 전환점이 필요하다. 직장생활을 하면 복잡한 이해관계와 과중한 업무로 인해 자연스럽게 스트레스가 생긴다. 한 번 스트레스의 늪에 빠지면 헤어 나오기 힘들다. 어떤 방법이든 자신만의 스트레스 해소법을 개발해서 뇌의 사고 패턴을 전환시켜 줘야 한다.

정기적으로 자신의 몸과 마음을 체크하라

박 과장은 성실한 근무태도로 주변동료 및 상사로부터 능력을 인정받고 있다. 그는 평일에도 늦게까지 밀린 업무를 처리하고 야근도 마다하지 않는다. 자기시간 없이 회사에 모든 걸 바쳤다. 대학 시절 가깝게 지내던 친구들과의 모임도 일이 생기면 참석을 미룰 정도다. 이제 막 태어난 첫째아들 얼굴을 제대로 못 본 지도 몇 주째다.

상사는 중요한 일을 모두 박 과장에게 맡긴다. 평일에도 저녁 10시가 넘어 퇴근 할 때가 많다. 완벽히 마무리하지 않은 업무가 머릿속을 떠나지 않아 토요일도 종종 출근한다. 출근을 안 하더라도 토요일에 혹시 회사에서 연락이 올까봐 하루 종일 핸드폰만 들여다본다. 그 모습을 옆에서 지켜보는 아내도 불안하기는 마찬가지다. 박 과장에게 업무스트레스는 평일과 주말을 구분하지 않고 찾아온다. 이런 패턴으로 몇 년의 시간이 흘렀다. 박 과장은 직급이 올라가며 책임이 많아진 선배들을 관찰했다.

사무실에 홀로 남아 야근하던 박 과장은 문득문득 찾아오는 무력감과 허탈함에 괴로웠다. 신기하게도 일은 하면 할수록 줄어들지 않았다. 정신은 피폐해져가며 몸은 천근만근이 되어갔다. 자조감 섞인 내면의 목소리가 늘 귓가에 맴돌았다.

'언제까지 이렇게 일을 해야 하는가?'

'직장생활의 끝은 어디쯤일까?'

'행복하기 위해서 일을 했는데, 행복을 느낄 시간이 없다.'

스트레스는 쌓여가고 체중은 늘었다. 이대로는 위험했다. 무언가 변화를 주지 않으면 몸도, 가정도 회복하지 못할 정도로 망가질 것 같았다. 그는 본인이 스트레스를 받고 있는 사실도 몰랐으며, 스트레스를 어떻게 줄여야 할지 고민해본 적도 없었다.

박 과장은 몇 개월 동안 고민 끝에 새로운 직무를 선택하여 부서를 옮겼다. 환경이 바뀌면서 야근도 줄었고, 스트레스도 낮아졌다. 보고서에 파묻혀 일하던 전 부서와 달리 옮긴 부서는 대인관계의 폭도 넓힐 수 있는 기회가 많았다. 가족과도 더 많은 시간을 보내게 되었다. 번아웃 직전까지 간 박 과장은 부서 변경이라는 작은 변화를 통해 삶의 만족도를 높일 수 있었다.

빅 과장의 사례처럼 스트레스의 근본 원인을 찾기 어렵거나 제거하기 어렵다면 현재 환경에서 벗어나는 방법을 사용해보자. 스트레스에 지치고 힘들기 전에 자신에게 맞는 방법을 찾아서 적용해야 한다.

최근 직장인들의 스트레스를 해결하기 위해 회사 내 상담시설을 운영하는 곳이 늘고 있다. 마음상담에 대한 선입견이 있었지만 직장에서도 복지차원에서 권장하는 분위기가 확산되며 직장인들의 이용횟수도 늘어나고 있다. 번아웃되기 전에 상담을 통해 스트레스의 근본원인을 찾아내고 없애는 조치가 중요하다.

기업의 경영실적과 생사고락을 같이하는 임원들의 고충도 남모르게 크다. 직장 내에서 누구에게 고민을 털어놓을 수도 없는 임원들은 늘 마음 한구석이 허전하다. 직급은 높지만 마음은 외롭다. 성과압박과 재계약에 대한 스트레스로 신경정신과를 찾는 임원들이 늘어나고 있다.

기업 고위직을 전문적으로 진료하는 S병원 신경정신과 교수는 환자 전체의 47% 정도가 기업의 임원·최고경영자(CEO)라고 말한다. 철강업체에서 일하는 50대 임원 이 상무는 요즘 밤잠을 설친다. 해외지사의 영업총괄이던 그는 경기침체로 실적이 나빠지자 보직에서 밀렸다. A 씨는 "회사를 위해 청춘을 바쳤는데, 나이 들어 이제 필요 없다"는 식의 대접을 받으니 견디기 어려웠다.

50대인 통신회사 성 상무도 숙면이 어려워 상담을 받았다. 그는 차세대 CEO감으로 주목받던 잘나가는 인물이다. 성 상무는 "남들은 부러워하지만 마음 한구석이 텅 빈 느낌"이라며 "회사의 지위는 높아졌지만 그게 무슨 의미가 있는지 모르겠다"고 말했다. S병원 교수는 "기업 임원은 처음엔 '잠을 잘 못 잔다'며 찾아오는 경우가 대부분"이라며 "수면장애, 집중, 기억력 저하와 함께 별것 아닌 일에 짜증을 많이 내는 것이 대표적인 3대 증상"이라고 말했다. 이는 '스트레스성 뇌 피로증' 때문이다. 치열한 경쟁에서 살아남기 위해 뇌를 너무 혹사해 생긴 증상이다.

스트레스가 몸에 해롭다는 사실은 누구나 알고 있다. 직장생활을 하면서 스트레스를 피할 수는 없다. 매일매일 활력 있고 즐겁게 일하기 위해서는 최상의 컨디션을 유지해야 한다. 스트레스를 줄일 수 있는 자신만의 방법을 만들기 위해 운동, 취미, 상담, 놀이 등 자기에게 적합한 활동을 찾아라. 정기적으로 몸과 마음을 돌보며 스트레스를 줄이는 노력을 한다면 직장생활의 만족도를 훨씬 높일 수 있다.

05

사람을 움직이는 '말투'의 힘

말하는 것을 보면 그 사람을 알 수 있다. 행동 하나 하나에 그 사람의 미래가 보인다. _소크라테스

'사회적 동물' 인간은 영업 없이는 살 수 없는 존재

미래학자 다니엘 핑크는《파는 것이 인간이다》에서 모든 사람은 누군가를 설득하는 작업을 매일매일 하고 있다고 했다. 그는 영업과 관련된 일을 하지 않는 사람도 일상생활 속에서 모두 영업을 하고 있다고 이야기했다. 점심메뉴를 고르는 상황에도 영업은 계속된다. 사람들은 자신이 먹고 싶은 메뉴를 먹기 위해 상대방을 설득시키는 작업을 한다. 설득은 드러나지 않게 대화를 통해 조용히 이루어진다. 이것도 영업의 한 종류다.

박 부장은 보고서를 승인받기 위해 담당 임원에게 30분간 보고

하고 있다. 객관화된 지표와 데이터를 제시하며 설득한다. 보고서 승인을 받기 위한 활동도 일종의 영업이다. 초등학생 아들은 엄마에게 원하는 장난감 로봇을 사달라고 한 시간째 울고 있다. 로봇을 얻어내기 위한 설득 작업의 일환이다.

일상생활 곳곳에 설득을 통한 영업이 이루어지고 있다. 그들은 무언가를 상대방에게 팔고 있다. 직장생활에서 커뮤니케이션은 자신이 달성하고자 하는 목적을 위해 이루어진다. 내가 필요한 자료를 얻기 위해, 상대방의 도움을 받기 위해, 업무협조를 이끌어내기 위해 벌어진다. 즉 모든 커뮤니케이션의 지향점은 영업을 통한 설득이다. 내가 원하는 것을 얻기 위한 영업. 설득하는 작업의 핵심은 대화다. 면 대 면 대화를 통해 신뢰를 쌓고 상대방의 마음을 움직이는 작업을 시작한다.

상대로부터 원하는 걸 얻기 위해서는 어떤 말을 해야 할지 생각해본 적이 있는가? 생활 속에서 영업을 잘하는 사람들, 즉 상대방을 잘 설득하는 사람들은 어떻게 대화를 하는지 유심히 관찰하라. 옆 사람이 대화하는 내용과 결과만 들어도 무슨 내용을 이야기하고 어떻게 설득하고 있는지 알 수 있다. 영업을 위한 설득의 핵심은 상대방의 마음을 움직이는 데서 시작한다. 상대방의 마음을 움직이려면 어떻게 표현해야 할까?

대화의 중심을 나에서 상대방으로 옮겨라

다음 제시된 상황에서 말투에 따른 상대방의 마음이 어떻게 움직이는지 생각해보자.

• 상황1. 팀장은 정해진 기한 내에 실적보고를 받을 수 있도록 부하직원이 빠르게 업무 처리하길 원한다.
  최 팀장: 이번 달 실적보고가 안 된 이유가 뭐야?
  권 팀장: 이번 달 실적보고가 늦어진 것 같은데, 기한 내에 하려면 무엇을 해야 할까?

팀장은 실적보고를 기한 내에 하지 못한 부하직원을 추궁하고 싶다. 최 팀장의 말을 들은 부하직원은 어떤 기분이 들까? 일을 빨리 끝내야겠다는 마음보다 상사의 압박에 떠밀려서 억지로 해야겠다는 생각을 먼저 하게 된다.(그는 다른 이유로 일을 못했을 수도 있다.)
권 팀장의 말을 들었을 때는 어떤 느낌일까? 부하직원은 팀장에게 혼이 날 줄 알고 있었지만, 방법을 물어보는 팀장의 질문에 정신을 차리고 진지하게 고민을 시작한다. 빨리 일을 끝내고 보고를 마무리해야 한다는 다짐을 한다.

• 상황2. 팀장이 업무를 지시한다.
  최 팀장: 프로젝트 성과달성 방안에 대해서 작성하세요.
  권 팀장: 프로젝트 성과달성 방안에 대해서 작성합시다.

같은 내용이라도 미묘한 차이에 따라 그 말을 받아들이는 부하 직원의 마음가짐이 달라진다. 강압적이거나 상사의 권위를 내세우는 느낌이 들지 않는 표현이 무엇인지 생각해보자. 권 팀장은 '작성합시다'라는 참여형 문장을 통해 팀장도 함께 달성방안에 대해 고민하는 느낌을 전달했다. 부하직원 입장에서는 책임도 분산되고 함께 해줄 것 같은 팀장의 말 한마디에 고마움과 배려를 느낀다.

• 상황3. 다른 부서 박 과장에게 업무협조 요청을 한다.
신 과장: 박 과장님, 아래 업무에 대해서 처리해주시길 바랍니다.
최 과장: 박 과장님, 아래 업무에 대해서 도움을 받고 싶습니다. 지원 부탁드립니다.

만약 당신이 박 과장이라면 어떤 말을 들었을 때 지원해주고 싶은 마음이 생길까?

• 상황4. 선배사원이 후배사원에게 업무에 관한 조언을 한다.
최 대리: 맨날 A방법으로 업무를 하니까 실수가 많잖아. B방법을 사용해봐.
김 대리: A방법도 좋지만, B방법을 사용하는 건 어때? 혹시 생각해본 또 다른 방법이 있어?

의도는 같지만 다른 표현을 사용했다. 최 대리는 단정적으로 다른 방법이 옳다고 주장하며 B방법으로 해보라고 지시했다. 후배사

갑과 을의 프레임에서만 생각하지 말자. 상대방의 입장을 먼저 생각하는 것만으로 어떤
자리에서건 상대가 누구이건 당신은 대화를 부드럽고 생산적으로 이어나갈 수 있다.

원은 아무 생각 없이 수동적으로 최 대리의 조언을 받아들일 수밖에 없다. 김 대리는 A방법도 좋지만 B방법을 사용하도록 추천하는 느낌을 준다. 후배사원이 제3의 방법도 생각해볼 수 있도록 질문을 던졌다.

- 상황5. 박 팀장은 김 과장이 추진하고 있는 영업 안건 발굴현황이 궁금하다.

  박 팀장: 김 과장, 지난번 지시한 고객 영업 안건에 대한 보고했나?

  김 과장: 지난주 수요일에 팀장님께 이메일로 전송했습니다.

  박 팀장: 언제 보고했다고?

  김 과장: 지난주에 이메일로 보고했습니다. 이메일을 찾아보시면 됩니다.

박 팀장은 영업 안건 발굴현황이 궁금한 상황에서 김 과장에게 질문했다. 김 과장은 자신의 입장에서 이메일로 보고했으니 팀장이 알아서 찾아보길 바란다. 팀장은 수십 개의 이메일을 하루에 받기 때문에 누군가의 이메일을 찾고 기억하는 것도 쉽지 않다. 박 팀장이 궁금해하는 내용을 가장 잘 아는 사람은 김 과장이다. 김 과장이 자료를 다시 찾아서 박 팀장에게 다시 보고하거나 전달해야 한다.

• 상황6. 팀장과 팀원이 모여서 회의를 진행하고 있다.

권 팀장: 이번 프로젝트에서 모든 팀원이 힘을 모아 계획된 다섯 가지 목표를 달성해야 합니다.

김 대리: 팀장님께서 얘기한 것 중에 잘못된 부분이 있습니다. 저는 그 의견에 반대합니다.

홍 대리: 팀장님 의견에도 공감하지만, 저는 조금 다르게 생각합니다. 왜냐하면……

김 대리와 홍 대리의 대답 중 어떤 답변이 대화를 이어나가기에 적절할까? 누군가와 의견을 교환할 때 다른 의견이라도 공격적인 말투로 이야기하기보다 다르게 생각한다는 표현을 사용하면 서로 얼굴을 붉히지 않고 자연스럽게 대화를 이어나갈 수 있다.

• 상황7. 고객대응을 위해 서비스출동이 필요한 상황

최 팀장: 박 대리가 담당하는 제품군이니까 긴급 서비스 출동하세요.

권 팀장: 해당 부분에 전문가인 박 대리가 고객의 어려움을 잘 해결할 수 있을 것 같군요. 힘들겠지만 배울 수 있는 좋은 기회라고 생각하고 서비스 출동하길 바랍니다.

박 대리가 그 일을 담당하니깐 일을 맡아서 처리해야 된다는 표현과 박 대리가 담당자이긴 하지만, 전문가로서 잘 해결할 수 있다는 믿음을 담은 표현 중 어떤 말이 박 대리의 마음을 움직일까?

의도가 같더라도 어떻게 표현하느냐에 따라 상대의 반응은 완전히 달라진다. 상대의 반응은 곧 내가 얻어낼 수 있는 결과물의 품질과 직결된다. 상대방에게 전달하는 내용도 중요하지만 대화방법이나 문장의 형태는 더욱 중요하다. 대화의 중심을 나에서 상대로 옮겨라. 상대의 입장에서 대화를 한다면 더 쉽게 협조를 이끌어낼 수 있을 것이다.

06

어려운 상황에서 발휘되는 긍정의 힘

부정적인 생각을 긍정적인 생각으로 바꾸면 긍정적인
결과를 얻기 시작할 것이다. _월리 넬슨

잠든 긍정을 깨운 이 대리의 한마디

소문으로만 돌던 회사매각 이슈가 수면 위로 올라왔다. 회사매각을 둘러싼 소문은 수개월 전부터 끊임없이 생겨났다. 외국계 회사로 팔린다, 경쟁사로 매각된다, 올해 안에 매각된다 등 확인되지 않은 루머들은 걷잡을 수 없이 직원들 사이에 퍼져나갔다. 몇 년 전 진행된 구조조정 여파와 최근 시작한 회사매각 소식에 임직원들의 관심이 집중됐다.

회사는 회사대로, 직원은 직원대로 불확실한 상황이 답답하기만 하다. 나 또한 앞으로 어떻게 될지 걱정스러웠다. 임직원 모두 현재의 어려움을 최대한 빨리 극복하고 회사가 정상화되기를 바라고 있다. 어수선한 회사 분위기 탓에 만나는 사람들마다 온통 구조조정 얘기다. 어디로 어떻게 바뀔지 모르는 상황 때문에 모두가 불안해했다. 늘 밝은 표정으로 출근하던 동료들의 얼굴도 점점 어두워졌다. 지인들과의 모임이나 안부전화를 통한 질문은 비슷했다.

"이제 사람 안 자르나?"

"매각된다는데 어디로 매각되지?"

"어떻게 같이 근무하는 직원을 내보낼 수 있지?"

"불안해서 계속 다닐 수 있겠나?"

그들이 듣고 싶은 대답은 같았다.("그래서 너는 괜찮은 거야?") 수개월 만에 확 달라진 회사 분위기에 직원들은 직장이 어떻게 될지 고민하기 시작했다.

'내가 몸담고 있는 회사는 어떻게 되는 건가?'

'내가 할 수 있는 일은 무엇일까?'

'계속 다닐 수 있을까?'

'이러다가 망하는 건가?'

'후배들의 질문에 어떻게 답을 해야 할까?'

'소신껏 답해야 할까? 아니면 회사 입장에 대답할까?'

생각하면 할수록 긍정과 부정을 오가는 불안한 마음을 붙잡기란 쉽지 않았다. 임직원들은 고용불안 걱정에 한숨만 늘어갔다.

그날도 나는 이 대리와 품질문제에 대해 상의하고 있었다. 이 대리는 회사에 대한 불만이 날이 갈수록 커져가고 있지만, 한편으로 자신은 아직도 여전히 회사가 고맙다고 말했다.

"과장님, 회사는 저에게 오아시스 같은 존재입니다."

"생뚱맞게 오아시스라니, 무슨 말이야?"

"사막에서는 물이 귀하지 않습니까? 오아시스 없이 살 수 없지 않습니까? 지금까지 회사는 저에게 많은 것을 주었습니다. 제 인생을 살아가는 데 꼭 필요한 오아시스 같은 존재가 회사입니다."

"……."

"회사를 돈 버는 일터로 생각할 수도 있지요. 하지만 저는 회사라는 울타리 안에 있었기에 결혼도 하고, 애기도 낳고, 차도 사고, 집도 사고 많은 걸 할 수 있었어요. 그래서 늘 회사를 감사하게 생각합니다."

"오랜만에 긍정적인 얘기를 들으니까 나도 힘이 나네. 고맙다."

"돌아보니 회사에 감사하며 생활한 지 벌써 7년이 되어갑니다. 요즘은 그 설렘을 잊지 않고 어떻게 하면 회사에 보답할 수 있을지 생각합니다. 모든 게 감사할 뿐입니다."

"이 대리 이야길 들으니까 내가 부끄러워지네."

나는 지금도 이 대리와의 대화를 잊지 못한다. 나도 입사해서 몇 년간 '회사=나'라는 생각을 했던 적이 있지 않던가. 회사를 위해 더 할 수 있는 게 무엇인지 고민했고, 회사가 크면 나도 성장할 수 있다는 믿음을 가지고 직장을 다녔다.

사실 직장생활을 할수록 긍정적인 마음을 유지하기란 쉽지 않다. 이 대리 덕분에 나는 내 안에 잠든 긍정의 불씨를 다시 꺼낼 수 있었다. 불평불만을 쏟아내는 동료의 말을 옆에서 듣고 있으면 자기도 모르게 영향을 받는다. 대화가 끝나면 무언가 찝찝하고 불편하다. 부정적인 감정과 불평, 무기력은 금방 전염된다. 이 대리에게 부끄럽기도 하고, 고맙기도 했다. 이 대리는 심신이 지쳐 있던 내게 다른 관점으로 생각해볼 수 있는 인식의 전환점을 주었다.

회사를 나 자신에게 맞게 활용하자

긍정심리학을 창시한 펜실베이니아 대학 심리학 교수인 마틴 셀리그만은 행복해지려면 행복에 대해 지금까지 가지고 있던 시각부터 바꾸라고 조언한다. 그는 낙관성, 긍정적인 정서를 키우고, 강점을 찾아 일상에서 발휘함으로써 '진정한 행복'을 만들 수 있다고 말했다. 현재 처한 상황이 불편하고 힘들더라도, 어떤 관점으로 바라보느냐에 따라 행복을 느끼느냐 불행을 느끼느냐가 좌우된다며 긍정적인 관점의 힘에 대해 강조한다. 우리가 실생활에 적용해봐야 할 대목이다.

미국의 한 커리어 전문가는 긍정의 힘에 대해서 이렇게 이야기했다.

"난 할 수 있어, 난 가능해, 난 할 거야, 일반적으로 그와 같은 생각이 성과를 낳는다. 그러므로 긍정적인 사람들이 부정적인 사람보다 언제나 더 생산적이다. 상사가 이와 같은 차이를 모를 것이라 여기지 마라."

"긍정은 다른 사람들에게도 엄청난 영향력을 행사한다. 이는 조직이 시기를 올리고 넘을 강화시키며 생산성을 개선한다."

"아무리 부정성이 강한 사람이라도 결국에는 긍정적인 힘에 의해 극복된다. 부정적인 사람들과의 관계나 대화에서 지속적으로 긍정적인 압력을 가하면 부정적인 영향력이 중성화된다."

"긍정적으로 살아라", "긍정의 힘", "긍정적으로 생각하라" 등 긍정에 관한 말을 귀가 따갑도록 들었다. 하지만 긍정적으로 생각하기도, 행동하기도 쉽지 않다. 인간의 뇌는 일어나지 않을 일에 대한 걱정으로 가득 차 있다고 했다. 객관적으로 보기에 긍정적인 요소가 많은 상황에서도 부정적인 작은 부분을 확대해서 해석하는 것은 인간의 본성일지도 모른다.

특히 일이 잘 풀리고, 원하는 대로 일이 진행되면 문제가 없다. 세상은 아름답고, 의욕은 넘치고 모든 게 내 마음대로 될 것 같다. 반대로 일이 풀리지 않고, 위기상황일수록 부정적인 기운은 큰 덩어리가 되어 감정을 지배하게 된다. 긍정의 기운은 온데간데없이 사라지고 온통 부정적인 생각에 지배된다.

회사를 한 걸음 떨어져 바라보자. 때론 내가 속한 조직에서 나를 분리해서 객관적인 시각으로 바라볼 필요가 있다. 감정을 배제한 채 객관적인 사실을 바라보면 이전엔 보이지 않던 것을 발견할 수 있다. 당장 큰 변화가 없더라도 불안을 마음속에서 키우고 있던 건 아닌지 돌아보라. 불평불만은 몸과 마음을 피폐하게 만든다. 나의 힘으로 바꿀 수 있는 상황이 있고, 아닌 상황이 있다.

회사는 생존을 위해 모든 자원과 방법을 끊임없이 고민한다. 회사를 단순히 밥벌이를 위한 수단이 아닌, 나 자신이 성장할 수 있는 놀이터로 생각해보자. 월급을 받을 수 있고, 다양한 재능이 있는 사람과의 교류도 가능하며, 직무 전문성도 키울 수 있고, 회사가 제공하는 교육도 공짜로 받을 수 있다. 심지어 회사에서 쌓은 전문커리어를 바탕으로 다른 회사로 이직할 수도 있다.

회사는 월급을 주고 노동력을 제공받지만, 직장인은 월급 이외에 회사로부터 얻을 수 있는 점이 많다. 회사를 나에게 맞게 사용한다는 긍정적인 인식의 전환이 시작될 때 진짜 성장은 시작된다.

07

잘하고 있어, 조금 늦어도 괜찮아

사람은 누구나 자기가 할 수 있다고 믿는 것
이상의 것을 할 수 있다. _헨리 포드

습관의 무서움

유 과장은 5분째 이불 속에서 뒹굴거리고 있다. 벌써 7시 10분
이다. 핸드폰과 탁상시계는 몇 번의 알람을 울리고 장렬히 전사한
채 곁에 널브러져 있다. 마음속으로 1분씩 세기 시작한다. 이제 일
어나야 될까? 1분만 더 있다가 준비할까? 유 과장은 무거운 몸을
이끌고 이불 밖으로 간신히 나온다. 시계는 7시 15분을 가리키고
있다. 5분 이내 모든 걸 준비하고 현관을 나서야 한다.

짧은 머리를 후다닥 감고, 1분 만에 세수하고 양치질하고 단벌
인 작업복을 잽싸게 주워 입는다. 공장으로 출근하면서부터 옷에
대한 고민 없이 같은 작업복을 매일 입을 수 있어서 다행이다. 따

뜻한 물 한 모금 마시고 현관을 나서니 7시 22분이다. 차에 올라 시동을 건다. 출발 전 예열을 위해 시동 후 몇 분간 공회전이 필요하지만 유 과장에겐 그럴 여유가 없다. 시동과 동시에 바로 출발한다.

몇 년째 같은 출근길이라 익숙하다. 아슬아슬하게 차를 피해 공장에 도착하고 어제와 같은 곳에 주차를 한다. 유 과장 옆자리에 주차하고 내리는 동료가 낯설지 않다. 회사 근처에 주차를 하면 출근은 절반은 성공한 셈이다. 사무실까지 빠른 걸음으로 이동한다. 자리에 앉으니 7시 45분이다. 업무시간 15분 전에 도착한 셈. 어제도 그랬듯이 늘 비슷한 시간대에 도착했다. 내일은 제발 일찍 자고 일찍 일어나서 여유 있는 아침을 맞이하겠다고 다짐하며 또 하루를 시작한다.

항상 여유를 갖고 살겠다고 마음먹지만, 실천으로 이어지기가 힘들다. 습관이 한 번 만에 바뀌면 습관이 아니지 않는가? 그래도 이렇게 매일매일 버텨주는 자신이 고맙다.

고 대리는 허둥지둥 옷을 챙겨 입고 택시를 타고 강남의 한 중학교로 향했다. 학교 정문에 내리고 시계를 보니 토익시험 시작 15분 전이다. 서둘러 고사장으로 향한다. 늦지 않아 다행이다 싶더니 빡빡한 직장생활을 하면서도 시험을 보러 여기까지 왔다는 사실에 왠지 자신이 자랑스럽다.

정문 앞 분위기가 썰렁하다. 시험 날이면 늘 붙어 있는 고사장 안내문은 보이지 않고, 학원 전단지를 돌리거나 필기도구를 파는 상인도 찾아볼 수 없다. 고사장을 오가는 수험생도 없다. 느낌이 이상하다. 수험표를 꺼내 고사장 위치를 확인한다. 엉뚱한 고사장을 찾아왔다는 사실을 깨달았다. 무의식적으로 시계로 눈길이 쏠린다. 시험 시작 5분 전이다. 한 달에 한 번 있는 시험을 보기 위해 휴가 일정도 조정하고 준비한 시간들이 떠오른다. 순식간에 짜증이 밀려온다. 고 대리는 어렵게 휴가를 얻어 시험준비를 했는데, 고사장을 잘못 찾아온 자신이 원망스럽다. 헛웃음이 나온다. 화풀이하듯 애꿎은 수험표를 찢다가 이내 정신을 차리며 생각했다.

'이것도 운명이다. 오늘 하루 신나게 놀면서 충전이나 하자.'

오늘 발휘하지 못한 실력은 다음 시험에서 발휘하자고 스스로를 위로한다. 친구들과 만날 시간이 생겼다. 그날은 시험도 잊고 좋아하는 음식을 먹고 친구들을 만나서 재미있게 보냈다.

습관은 운명을 좌우할 정도로 강력하다. 인간은 습관덩어리란 말도 있다. 현재의 나와 10년 전 나를 비교해보자. 내면은 크게 달라지지 않았을지 모른다. 습관을 바꾸기 위해 노력도 해봤지만 쉽지 않았을 것이다. 왜 습관을 바꾸려고 할까? 성공과 성과에 중요한 영향을 끼치는 것이 습관이라는 사실을 누구나 알고 있기 때문이다.

나 자신을 인정하면 잠재력이 나타난다.

"습관이 나를 만든다."

"약속시간 30분 전에 무조건 나가서 기다려라."

"미리 준비하고 움직여라."

"일찍 출근하고 늦게 퇴근하라, 적어도 당신의 상사보다는."

"고객을 만나기 전 최소 20분 전에 도착해서 고객에 대한 정보와 설득 방법을 점검하라."

습관, 시간에 대한 명언은 수도 없이 많다. 수많은 자기계발서적에서 이야기하는 저자의 조언에 정면으로 배치되는 행동을 하는 스스로를 자책한다. 나도 마찬가지다. 미리 움직이고, 차분하게 챙겨야 하는데 성격이 급해서 실수한다. 어떻게 하면 부족한 점을 보완할지 오늘도 고민한다.

새벽부터 일어나서 운동하고 공부하고 일찍 출근하는 직장인들이 부럽고 대단해 보였다. 몇 년째 나도 언젠가는 새벽에 하루를 시작해야겠다는 희망을 품고 있었다. 곰곰이 생각하면서 '자기계발서적에 적힌 좋은 내용만 따라 하는 게 맞는가?'라는 의문도 든다. 내 생활 패턴이 있고 나만의 방법이 있는데 다른 기준에 나를 맞추지 말고 내 스타일대로 해보자는 생각이 들었다. 대신 나의 다른 강점을 더욱 살리기로 했다. 단번에 바뀌지 않는 습관 때문에 굳이 스트레스 받을 필요가 없었다.

실수하고, 시간에 쫓길 때마다 내 안에 있는 자기합리화의 논리 회로가 작동해서 스스로를 위로했다.

'다음에 더 잘하면 된다.'

'지금 주어진 시간만큼은 최대한 집중하자.'

'내가 하는 일은 다 잘될 거다.'

이런 긍정적인 생각 덕에 정신이 건강할 수 있다. 있는 그대로의 나를 인정하는 연습. 대한민국 사회는 어느 때보다 경쟁이 심해졌

완벽한 직장인은 없다. 최선을 다하는 자세 그리고 긍정적인 마인드만으로도 당신은 스스로의 가치를 높일 수 있다.

다. 주위 사람들은 어디서나 높은 목표를 잡고 계획을 세우고 실행하라고 조언한다. 잠시라도 멈춰 있으면 밀려나고 낙오할 것만 같다. 하지만 나는 몇 번의 성찰과 마음공부를 통해 나 자신의 강점에 집중하고, 자신을 인정하는 마음가짐이 정신건강에 좋은 영향을 미친다는 사실을 깨달았다. 사람은 모든 면에서 완벽할 수는 없다.

지난 10년 동안 나는 자기계발서적과 성공담에 나오는 슈퍼직장인들의 모습만 떠올리며 직장생활을 하고 있었는지 모른다. 책에 나오는 잣대에 나를 맞추려고 했고, 엄격한 잣대로 상대를 평가하며 세상을 재단하고 편견을 가졌는지도 모른다. 어쩌면 책에 나오는 슈퍼직장인은 현실에 존재하지 않는 허구의 인물일지도 모른다.

나 자신부터 챙겨야 한다. 주어진 상황 속에 완벽을 추구하는 태도는 좋다. 하지만 완벽한 사람은 없다. 엄격한 잣대로만 평가되는 기준을 조금 다른 관점으로 바라보자. 모든 사람에겐 강점과 약점이 있다. 약점을 보완하는 것도 중요하다. 하지만 강점을 발견해서 조직에 기여하고 성장할 수 있도록 만드는 것이 더욱 중요하다.

나와 상대방을 있는 그대로 인정하고, 서로의 강점을 살릴 수 있는 방법을 찾아라. 직장인은 여러 가지 잣대로 평가된다. 말, 행동, 전문역량, 태도, 외국어, 인맥 등 평가요소도 다양하다. 직장이라는 정글은 한순간도 평가의 그물을 거두지 않는다. 척박한 평가의 그물 속에서 나를 건져 올려라. 스스로에게까지 엄격한 잣대를 대지

밀고 위로와 격려의 손길을 내밀어라. 세상에서 가장 소중한 사람은 바로 나 자신이다. 나마저도 나 자신을 코너에 몰아서는 안 된다. 스스로에게 휴식을 허락하라.

지금 있는 나를 그대로 인정하고 격려할 때 내 안에 숨어 있던 잠재력은 나를 구하기 위해 나타날 것이다.

08

업계에서 잔뼈가 굵은
고수의 비법을 훔쳐라

로마인은 좋다 싶으면 그것이 적의 것이라
해도 모방한다. _시오노 나나미

'맨땅에 헤딩'을 마다하지 않는 베테랑 부장님

엔지니어링 회사에서 사회생활을 시작했다. 엔지니어링업은 국
내외를 넘나들며, 플랜트가 필요한 발주처로부터 오더를 받아 플
랜트를 건설하고 수익을 올리는 사업이다. 처음 입사해서 선배들
에게 일을 배웠다. 직장생활의 기본 원칙부터 업무 프로세스, 신입
사원 마인드 등 기초부터 차근차근 교육을 받았다. 보고서도 작성
하고, 업계 정보도 조사했다. 잠재적 거래업체를 조사하는 법, 시장
을 분석하는 법 등 모두 새로운 일들이었다.

내가 속한 본부는 글로벌 IT업체의 투자규모를 조사하고 발주
예상 가능성을 판단하여 수주 전에 참여해서 건설을 진행하는 일

을 주로 했다. 발주처들에 대한 정보 파악은 수주업무의 시작이었다. 간단한 발주처 조사업무가 주어졌다.

인터넷으로 자료조사를 시작했다. 업체별 매출규모, 사업구조, 사업장 현황, 투자계획 관련 자료를 수집했다. 인터넷의 바다를 떠돌며 컨설팅 회사의 보고서, 선배들의 자료를 분석하고, 필요한 보고서를 만들었다. 담당 파트에서 가장 중요한 일은 글로벌 업체들의 투자계획을 확보해 수주까지 이어지게 만드는 일이었다. 최종 목표인 플랜트 수주를 위해 해외발주처로부터 입찰 기회를 얻어내는 작업은 쉽지 않았다. 신입사원인 나는 일을 보조하면서도 제3의 시각으로 어떻게 일이 진행되는지 관찰했다. 본격적으로 발주처 발굴에 앞서 이런 생각이 들었다.

'어떻게 일을 진행해야 할까?'

'고객사 담당자도 모르고, 관심도 없는 고객사를 어떻게 만날 수 있을까?'

'주먹구구식으로 업무가 진행되지 않을까?'

'정말 할 수 있을까?'

일을 어떻게 시작할지 며칠째 고민했다. 시간은 계속 흘렀다. 그룹 계열사에서 부장님 1명이 팀에 전입했다. 해외영업 분야에서 20년 이상 근무한 베테랑이었다. 나는 운 좋게 해외영업 전문가인 부장님과 짝을 이뤄 일할 수 있는 기회를 얻었다.

부장님은 발령을 받고 첫 출근길에 밝은 표정으로 팀원들에게 인사를 했다. 적지 않은 나이에 회사를 옮기게 되면서 잘해야겠다는 부담감이 많았을 텐데 적극적으로 팀원과 융화하려는 모습은 저절로 팀원들의 마음을 열게 만들었다. 부장님은 근무시간에도 직접 팀원들 자리로 찾아와 회사생활과 관련된 이야기들을 많이 해주셨다.

친근하게 이야기를 나누며 팀원들은 부장님과 금방 친해졌다. 격의 없이 직장생활의 팁을 꼼꼼하게 알려주는 부장님 덕분에 일을 배우는 재미가 쏠쏠했다. 당시에는 글로벌 IT 경기 호황으로 해외에 플랜트를 건설하는 프로젝트가 많았다. 발주처들은 단기간에 안정적으로 플랜트를 만들어줄 업체를 찾고 있었다.

부장님과 나에게는 새로운 발주처를 찾기 위해 발주처 업무 담당자들과 접촉하는 일이 급선무였다. 내게는 한 번도 가보지 않은 글로벌 업체의 담당자를 찾아내서 발주정보를 얻는 작업이 불가능해 보였다. 부장님은 달랐다. 부장님은 나에게 고객사에게 이메일 쓰는 법, 처음 만난 사람들과 친분을 쌓아나가는 법, 고객사 발굴을 위한 스킬 등을 가르쳐주셨다.

"우리 회사의 존재도 모르는 글로벌 해외업체들에게 어떻게 접촉해야 할까?"

"수많은 엔지니어링 회사들 중에 우리 회사를 만나줄 이유가 있을까요?"

"충분히 만날 수 있을 거야, 두드리면 된다. 같이 노력해보자."

"네, 알겠습니다. 많이 가르쳐주십시오."

부장님은 직접 글로벌 IT업체 담당자와 전화통화를 계획했다. 하지만 우리는 담당자의 연락처조차 갖고 있지 않았다. 나는 속으로 무리한 일을 진행한다고 생각했다. 이렇게 맨땅에 헤딩하는 식이 접근으로 관련업체 연락처나 확보할 수 있을지 의구심이 들었다.

1%의 가능성에서 찾은 성공의 열쇠
—

부장님과 나는 관련 정보를 계속 수집했다. 제법 정보와 채널이 완성된 후 발주처별 담당자의 연락처 확보계획을 세웠다. 찾고 또 찾았다. 관련업계 담당자들에게도 수소문해서 정보를 끌어 모았다. 몇 주째 심층조사를 통해 글로벌 IT 업체들의 명단과 담당자 이메일 주소를 확보했다.

나름대로의 첫 성과였다. 회사 규모가 큰 순서대로 이메일을 보냈다. 처음부터 답변이 올 거란 기대는 하지 않았다. 발주처에게 회사의 존재를 알리는 게 중요했다. 한국의 엔지니어링 회사가 당신이 원하는 플랜트를 만들 수 있도록 최선을 다할 준비가 되어 있다는 메시지를 주는 것이 중요했다. 회사의 기술역량과 사업실적에 대해 간단히 정리해서 첨부했다.

며칠이 지났건만 답장은 없었다. 당연한 결과였다. 두 번째, 세 번째 업체에게 이메일을 발송했다. 그래도 최소한 예의상의 답은 오지 않을까 생각했다. 하지만 며칠이 지나도 답장이 없었다. 기대가 낮았던 만큼 크게 실망하지는 않았다. 답장이 오지 않아도 포기하지 않고 1~2주 정도 정기적으로 이메일을 보냈다. 회사를 소개하는 형식적인 내용보다는 공격적이고 적극적인 표현이 들어간 문장을 사용했다.

　몇 주간 정기적으로 이메일을 발송했다. 드디어 한 업체로부터 답장이 왔다. 우리 회사의 홍보 이메일을 잘 봤다는 짧은 답장이었다. 답장을 받고 나자 자신감이 붙었다. 시간이 지나면서 점차 여러 발주처 담당자들로부터 이메일 답장이 오기 시작했다. 우리에게 보내순 메일에 내해 짧고 간단한 문장과 비즈니스에 관한 얘기를 섞어 답장을 보냈다. 담당자와의 간단한 안부 이메일을 주고받으면서 그들의 전화번호도 확보했다. 부장님은 전화번호가 확보되자 "이제부터 문이 열리기 시작한다"면서 기쁨을 감추자 않았다.

　그때부터 부장님은 이메일 발송 횟수를 줄이고 전화를 통한 직접 커뮤니케이션을 시도했다. 발주처가 부담스럽지 않는 범위 내에서 정기적으로 안부 선화를 했다. 정기적인 짧은 전화통화로 담당자와 교감을 형성했다. 발주처에서 우리 회사에 관심을 두기 시작했다는 느낌을 받았다. 부장님과 나는 힘을 얻어 더욱 공격적으로 나가기로 했다. 신기했다. 무관심으로 일관하던 발주처들이 지속적인 우리의 구애 이메일과 전화통화를 통해 마음을 열고 있었다.

　부장님은 지난 20년간 현장에서 단련된 영업경험과 노련함으로 고객사의 마음을 열고 있었다. 빗장이 조금씩 풀리는 느낌이었다. 부장님은 늘 비즈니스와 유머를 적절히 섞어서 통화했다. 그날도 부장님은 고객사와 전화통화를 했다. 전화통화의 말미에 들린 부장님의 목소리가 아직도 생생하다.

　"Your happiness is my happiness! Thanks!"

삼시 정적이 흘렀다. 대화내용을 들으며 무엇인가 잘 진행되어 간다는 느낌이 들었다. 어떻게 하면 저런 문장이 자연스럽게 나올 수 있을까 속으로 감탄했다. 발주처 담당자의 이메일조차 확보하지 못한 몇 달 전 모습이 떠올랐다. 부장님의 타고난 감각과 비즈니스 스킬에 놀랐다. 그의 즉흥적으로 나온 짧은 영어 한마디에 팀원들 모두가 웃었다.

얼마 지나지 않아 몇몇 발주처로부터 회사 소개를 프레젠테이션하고 플랜트 발주 관련 협의 자리를 마련하자는 연락을 받았다. 몇 개월간 애쓴 노력의 결과였다. 처음엔 안 될 거라고 생각했지만, 목적지를 정하고 길을 만들어냈다. 덕분에 나는 첫 유럽 해외출장 티켓도 얻게 되었다. 핀란드에 위치한 노키아를 비롯해 글로벌 IT 업체를 방문했다. 이메일을 주고받던 업체 담당자를 만나 친분을 쌓고 회사소개도 하며 정보를 교류했다. 지금 생각해도 설레는 순간이다. 캐리어를 끌며 유럽 5개국 IT회사를 방문한 일은 아직까지 짜릿한 기억으로 남아 있다.

부장님과 고객사 영업과정에 함께 참여하며 많은 걸 배웠다. 20년간 영업현장에서 쌓은 노하우와 성공경험을 옆에서 지켜보면서 직·간접적으로 성장할 수 있었다. 고객사로부터 회신이 없던 초기에는 적당한 선에서 끝났으면 좋겠다고 생각했다. 자료 조사만 하고 있으려니 초조하기도 했다.

부장님은 작은 가능성이라도 고객사를 발굴할 수 있다고 확신하며, 나를 격려했다. 반응이 전혀 없었던 고객사의 마음을 열기까지 포기하지 않고 방법을 고민하며 조금씩 두드렸다. 결국 문은 열렸다. 무슨 일이든 처음부터 쉬운 일은 없다. 처음부터 쉬운 일은 고민하지 않게 된다. 일이 풀리지 않을 때 포기하지 않고 조금씩 한걸음 나아간다면 원하는 지점까지 갈 수 있다. 직장생활을 하면서하나라도 배울 수 있는 선배나 동료와 같이 일한다면 행운이다. 한명, 한 명 서로 다른 전문 역량을 갖고 있기에 배울 점이 많다.

지금 당신 옆에 있는 동료의 장점을 배워라. 분명히 배울 점이적어도 한 가지 이상은 있을 것이다.

Part 4

생존에 필요한
공부,
지금 당장 시작하라

01

성장하고 싶다면
끊임없이 배워라

배움은 미래를 위한 가장 큰 준비다.
_아리스토텔레스

대리가 습득해야 할 업무능력, 과장이 갖춰야 할 리더십

─

최 대리는 책상에 앉아 두 시간째 애꿎은 키보드만 두드리고 있다. 팀장이 지시한 내년 팀 핵심성과지표(KPI)를 작성하느라 고민이다. 시간은 계속 흘러간다. 풀리지 않는 문제를 잡고 씨름하려니 머리도 지끈거린다. 팀장이 원하는 방향대로 업무를 잘 처리해서 칭찬받고 싶은 마음이 굴뚝같다. 팀 전체의 내년도 목표를 요약하고 실행계획을 수립하는 핵심성과지표(KPI)를 작성하기 위해서는 업무 흐름의 이해가 필요했다. 1차 초안을 작성해서 급한 대로 팀장에게 보고했다.

얼마 되지 않아 최 대리는 팀장에게 불려갔다.

"최 대리, 내년도 우리 팀 성과지표 완성한 거 맞나? 보고서를 보니까 성과지표에 대한 개념 자체를 이해 못한 거 같은데? 개념에 대해 다시 정립하고 팀 전체 목표를 재수립해서 보고해."

"네, 알겠습니다. 팀장님, 제가 아직 개념정리가 안 된 거 같네요."

최 대리는 퇴근하자마자 핵심성과지표의 개념과 작성사례에 관한 자료와 책을 구했다. 절박함은 최고의 동기부여 재료라고 했던가. 밤새 필요한 책을 보고 연구한 끝에 제대로 된 개념을 잡았다. 내일이 빨리 왔으면 좋겠다.

회사에서 중간관리자인 과장급이 되면 보좌해야 할 상사도 있지만 챙겨야 할 후배도 생긴다. 주어진 일만 하던 실무자 시절보다 조직에 필요한 일을 만들고 찾아서 추진해야 하는 직급이 과장이다. 책임감도 커지는 만큼 리더가 되기 전 많은 걸 배울 수 있다. 연차가 높아질수록 지시받은 일도 잘해야 하지만 유관 부서와의 협업을 통해 조직이 원하는 성과를 이끌어내는 능력이 무엇보다 중요하다.

동시에 후배들에게 어떤 도움을 줄 수 있을지 늘 고민해야 한다. 나 또한 과장이 됐을 때 특별한 기술이 있는 것도 아니고, 엄청난 업무노하우도 없었다. 그러던 차에 지인의 권유로 코칭을 소개받았다. 몇 년 전 코칭에 관한 책을 읽었다. 하지만 교과서에 나올 법한 이론적인 이야기처럼 느껴졌다. 코칭으로 대체 무슨 효과를 볼까 하는 의문이 가득했다. 그저 논리적으로 탄탄한 말장난에 불과한 것이라고 단정했다. 코칭을 통해 변화할 수 있을까 반신반의했지만 일단 시작해보기로 했다.

코칭과정 입문교육은 주말에 진행됐다. 다른 지역까지 버스를 타고 가서 지하철을 갈아타고 강의실이 있는 장소에 도착했다. 코칭의 기본철학은 '상대방은 스스로 문제를 해결할 수 있는 잠재력을 지닌 사람이다'라는 것을 인식하는 데서 출발한다고 이야기하며 강의는 시작되었다. 코칭은 문제에 대한 해결책을 제시하는 것이 아니라 해결책을 도출할 수 있도록 질문을 통해 잠재력을 끌어내주는 방법이다. 지식을 쌓고 경험을 축적한다는 것과 나의 지식과 경험을 상대방에게 전달하는 것에는 커다란 차이가 있었다. 강의시간 내내 상대방의 변화를 이끌어낼 수 있도록 돕는 코칭에 대해 머리와 가슴으로 이해하려고 노력했다.

책으로 읽는 코칭과 강의를 들으며 배우는 코칭은 이해의 깊이가 달랐다. 멘토링, 컨설팅, 상담, 코칭, 티칭 등 다른 개념과 코칭의 차이에 대해 배워가면서 개념을 잡아나갔다. 코칭에서 가장 핵심인 질문은 대단한 힘을 지녔다. 사람들과 대화할 때 질문하는 방법을 조금만 바꿔도 다른 대답을 들을 수 있다는 사실을 알았다. 상대방과 대화할 때 단정적으로 자신의 생각과 대답을 전달하려고만 했던 예전의 내 모습이 떠올랐다.

"문제의 원인은 A가 맞지요?"
"네, 맞습니다."

위의 질문에는 문제의 원인이 A라는 가정이 담겨 있다. 상대 입장에서 생각해보면 네 또는 아니오로 간단히 대답하면 끝나는 폐

158

쇄형 질문이다. 코칭형 질문을 살펴보자.

"문제의 원인은 무엇이라고 생각하나요?"

"제가 생각할 때 원인은 B입니다."

폐쇄형 질문이 아닌 개방형 질문을 통해 내가 궁금한 바를 물어본다. 상대방의 생각을 알 수 있다. 호기심과 흥미가 가시지 않은 채로 코칭교육을 끝내려니 생활 속에 적용해보고 싶은 마음이 생겼다.

직급에 상관없이 배우려는 태도로 임하라

사람들은 누구나 사물, 사람에 대해 편견과 선입견을 가지고 있다. 자신이 믿고 있는 것에 대해서는 자신이 맞을 거라 가정하고 사람들과 대화한다. 예를 들어 "돈을 많이 벌어야 행복할 수 있다", "좋은 직장에 취업하는 것이 성공이다", "취업 잘되는 전공을 선택해야 한다"처럼 자기만의 기준과 생각이 있다. 나는 코칭을 배우면서 나 자신에 대해서 생각해볼 수 있었다. 수업시간 동안 상대의 이야기를 더 깊이 듣는 연습을 했다. 수업을 마칠 때쯤 상대방에게 제대로 된 질문을 하는 방법, 스스로에 대해 묻는 방법을 알게 되었다. 내가 무엇을 좋아하는가? 내가 잘할 수 있는 건 무엇인가? 어떤 인생을 살고 싶은지? 코칭 과정을 통해 내적으로 조금씩 성장하는 나를 발견할 수 있었다.

오랜만에 대학후배와 만날 기회가 생겼다. 5년간 힘든 수험생활을 거쳐 전문직 시험에 합격한 후배는 법인생활을 마치고, 개업을 준비하고 있었다. 후배와 만나서 식사를 하며 그동안 못한 이야기를 나누었다.

후배는 자신의 고민에 대해서 얘기했다. 평소 같았으면 훈수만 두고 답 없는 긍정을 강요한 채 끝났거나 내가 관심 있는 부분에 대해서만 후배에게 집중적으로 질문했을 것이다. 하지만 코칭과정에서 배운 것을 활용해보기로 했다. 전문가는 아니더라도 내가 할 수 있는 한 후배가 스스로의 고민을 찾을 수 있는 잠재력을 끌어내주고 싶었다. 이야기를 충분히 듣고 어설프지만 코칭형 질문을 했다.

"지금 고민하고 있는 것이 뭐지?"

"지금 하는 일이 재미가 없어요. 어렵게 딴 자격증이라 기회비용도 있어서 진로를 바꿀 수도 없고, 행복하려고 일하려는 건데 전혀 행복하지 않아요."

"내가 보기에도 그런 것 같아. 그럼 재미가 없고 행복하지 않다고 생각한 이유는 뭐야?"

"반복적으로 해야 하는 일이 많아요. 야근도 많고, 조직에 얽매여서 해야 되는 일들이 대부분이에요."

"네가 흥미를 느끼거나 좋아하는 일은 뭐니?"

"뭘 좋아하는지 잘 모르겠어요. 어떻게 찾아야 하는지도 모르겠고."

"그래도 재미를 느낀 분야가 있을 거 같은데?"

"음…… 만화를 그리고, 무언가 창의적으로 하는 일을 좋아했던 거 같아요."

"조금이라도 좋아하는 일을 시도해본 적은 없어? 해볼 계획은 없어?"

"인터넷을 통해 만화 강의를 들어보려고 했는데, 생각만 했던 거 같아요."

"계획은 있었지만 실행하지 못한 이유는 뭐야?"

"일단 시간이 부족했어요. 회사일은 많고 집에서는 아기를 돌봐야 했어요. 정말 여유가 없었던 거 같네요."

후배가 처한 상황에 대해 물은 뒤 간단한 실천 리스트를 아래와 같이 작성했다.

- 자신이 좋아하는 일의 리스트 작성하기
- 좋아하거나 하고 싶은 일을 작게라도 실행해보기
- 개업 전에 자기만의 시간 가지기(1~3개월)
- 글쓰기 수업 듣고 매일 조금씩 글쓰기(자기치유)
- 글쓰기를 통해 개인저서 출간하기(전문성 홍보, 마케팅)

실천리스트를 알려주고 나서 비슷한 고민을 하고 있는 나의 상황을 후배에게 들려줬다. 코칭을 배우고 나서 처음으로 적용한 사례였는데, 후배는 나의 질문을 통해 뜻밖에 자신을 돌아볼 수 있는 기회가 되었다고 했다.

무엇보다 가장 많이 배운 것은 후배가 아닌 코치였던 나 자신이었다. 나는 코칭을 배우며 내적으로 성장했고, 실전에 적용하면서 상대방의 이야기를 더 잘 듣는 습관을 갖게 되었다. 개방형 질문을 통해 해결책을 찾는 과정도 배웠다.

직장인들은 늘 일에 쫓기며 바쁘다. 머릿속엔 출퇴근 시간 이외에도 회사일로 가득 차 있다. 그럼에도 오늘보다 내일 조금이라도 발전하고 싶다면, 올해보다 내년에 더 나아지고 싶다면 지속적으로 배워야 한다. 늘 하던 일을 하고 매번 같은 사람을 만나며 같은 생각을 한다면 아무리 많은 시간이 지나도 성장하기가 어렵다. 늘 같은 방법으로 직장생활만을 한다고 저절로 성장하진 않는다.

자신이 관심 있고 배우고 싶은 분야가 있다면 망설이지 말고 시작하라. 일과 관련이 있든 없든 너무 많이 생각하기보다 단 한 번이라도 실행해보자. 평범한 직장인이 성장하기 위해서는 끊임없이 공부하고 배워야 한다.

02

진짜공부는
직장에서 시작된다

당신의 미래는 오늘 무엇을 공부하느냐에
따라 달라진다. _이시형

인간은 공부하지 않으면 성장할 수 없다

출근하는 직장인의 요일별 기분을 재미있게 묘사한 글이다.

- 월요일: 월요병에 걸려 멍 때리기. 지나간 주말이 꿈만 같고, 다가올 주말은 먼 나라 얘기 같다.
- 화요일: 가만히 있어도 화가 나는 화요일, 화요일은 직장인 건 드리는 게 아님.
- 수요일: 아직 주말이 이틀이나 더 남았다.
- 목요일: 그래도 하루만 더 출근하면 된다.
- 금요일: 하루 종일 열정이 넘치는 날, 칼퇴하고 불금을 즐겨야지.

출근하자마자 퇴근이 기다려진다. 오죽하면 《출근하자마자 퇴근하고 싶다》라는 책도 있다. 요일별로 달라지는 직장인의 기분을 보면 퇴근 후 잠깐의 해방감을 위해 몸부림치는 직장인의 애환을 느낄 수 있다.

학생을 거쳐 직장인이 되면 자유시간은 줄어들고 주머니 사정은 좋아진다. 그동안 못해본 건 다 해보겠다는 의욕이 넘쳐난다. 특별한 취미, 달콤한 연애, 해외여행 등 시간은 부족하지만 가슴속에 품고 있던 드림리스트를 하나씩 실천하고 싶다. 주5일제가 전면 도입되고 월요일에 출근해서 금요일까지 5일만 일하는데도 회사 안 가는 날만 손꼽아 기다린다. 월요일 출근길에도 마음은 이미 금요일로 달려간다. 퇴근할 때마다 귀가를 방해하는 동료가 꼭 한 명씩은 있다. 상사한테 깨져서 한잔, 기뻐서 한잔, 억울해서 한잔 하다 보면 주 3회 자체 회식은 기본이다. 공식 회식까지 있는 날이면 일주일 내내 퇴근 후 술자리가 만들어진다.

직장에 들어오면 모든 것에서 해방될 줄 알았다. 공부는 학교에서만 하는 것으로 알고 있었다. 청년실업 100만 시대, 입사하는 신입사원의 스펙은 단군 이래 최고다. 바늘구멍 취업문을 뚫기 위해 '취업 8종 세트가 필요하다'는 말도 있다. 각종 공모전 입상, 영어 성적, 학점, 인턴, 해외연수, 유학 등 취업용 무기들을 장착한 취업 전사들은 취업 1승을 위해 구직시장에 뛰어든다. 과거 베이비붐 세대들이 스펙 없이 쉽게 취업하던 시절과는 비교할 수 없다.

대학 시절에도 취업을 위해 스펙 쌓기에 올인 하느라, 청춘의 자유는 뒷전으로 밀려나 있다. 주변을 돌아볼 여유가 없다. 스펙전쟁에서 승리해야 취업시장에서 살아남을 수 있는 사회에서 살고 있기 때문이다. 대학입학과 동시에 취업용 스펙을 준비한다. 스펙을 준비하기 위한 공부는 오직 취업이 목적이다. 취업이 되는 순간 스펙은 무용지물이 된다.

학생은 돈을 내고 공부를 하지만, 직장인은 돈을 받고 일을 한다. 다른 관점에서 보면 회사는 돈도 받고, 공부도 하고, 역량도 키울 수 있는 곳이다. 대학교를 졸업할 때까지 스펙전쟁에 지친 학생들은 취업에 성공하면 해방감부터 느낀다. 길고 긴 입시전쟁과 취업전쟁의 터널을 빠져나온 느낌이다.

드라마와 언론을 통해 형성된 직장생활에 대한 로망이 깨지는 건 시간문제다. 학창 시절부터 책과 씨름하며 오랜 시간 공부한 탓에 직장에서까지 책 보고 공부하려고 생각하면 끔찍하다 싶지만 현실은 다르다. 출근해서 맡은 일만 하고 퇴근 후에는 좋아하는 취미생활을 하며 놀 수 있다는 착각은 치열한 직장 동료들의 모습을 보며 차츰 깨져간다. 진짜 공부는 직장에서 시작된다.

앞으로는 회사에서 배운 노하우나 업무지식만으로 생존하기가 힘들다. 빠르게 변하고 새로운 지식을 배우지 않으면 앞서 나갈 수 없다. 작년에 나온 신기술이 올해는 휴지조각이 될 만큼 기술발전의 속도는 상상을 초월한다.

공부하지 않으면 성장할 수 없다. 정체된다. 진짜공부는 직장을 떠나 홀로 생존해야 하는 상황에서 더욱 절박해진다. 직장 다닐 때, 내게 필요한 진짜공부를 시작해야 한다. 커리어, 꿈, 목표 달성을 위한 진짜공부를 통해 생존의 근육을 길러야 한다.

나에게 필요한 공부, 나를 성장하게 하는 공부가 진짜공부다
—

굴지의 대기업에 근무하는 이 대리는 성장에 대한 욕구가 동료들에 비해 크다. 연차가 높아질수록 경험은 쌓이지만, 무언가 허전했다. 실력도 기르고 회사에서 인정도 받을 수 있는 길은 자격증 취득밖에 없다고 확신했다. 일을 하면서 퇴근 후 틈틈이 공부했다.

온종일 현장을 뛰어다니면서 문제를 해결하느라 몸은 피곤하고, 퇴근 무렵이면 온몸은 녹초가 된다. 머리는 멍하다. 그럼에도 이 대리는 지친 몸을 이끌고 자격증 시험 준비를 위해 도서관을 찾는다. 의자에 앉자마자 졸음이 밀려온다. 20분 정도 책상에 엎드려 자고 일어나면 잠깐 머리가 맑아진다. 자격증 필기시험을 위해 책을 펼치고 오늘 정해진 목표 학습량을 달성한다.

퇴근하자마자 도서관을 찾는다. 아내와 아들 얼굴을 제대로 본 지도 몇 개월째다. 합격하는 순간을 떠올리며 오늘도 도서관을 향한다. 이 대리는 한 번 만에 필기, 실기시험을 통과했다. 직장동료들은 축하와 부러움의 눈으로 이 대리를 바라봤다. 그는 직장경력은 비교적 짧지만 상위 수준의 자격증 취득으로 단번에 전문가라는 호칭을 듣게 되었다. 30년 근무한 선배들이 있었지만 자격증의 공인된 힘은 이 대리를 든든하게 받쳐주고 있었다. 품질문제가 발생하면 이 대리의 의견에 크게 이의를 제기하지 않는다. 그는 이미 직무자격증을 3개째 획득했다. 이 대리는 자격증을 통해 회사 내 최고 전문가로 인정받을 수 있었다.

정신과 전문의이자 뇌 과학자로 유명한 이시형 박사는《공부하는 독종이 살아남는다》에서 공부에 대해 이렇게 얘기했다.

"공부는 일단 해두기만 하면 그 결과가 없어지거나 사라지지 않는 확실한 자산이 된다. 당장 자기 하는 일에 확실한 도움을 주며 미래에도 지속적으로 가치를 창출해낸다. 모든 투자에는 어느 정도의 위험이 따르게 마련이지만 공부만큼은 위험도 없다. 자산 투자에는 '고위험 고수익(High Risk, High Return) 원칙'이 있다. 그러나 공부에는 '저위험 고수익(Low Risk, High Return) 원칙'이 있다. 손해도 없을뿐더러 일단 투자해두면 불어나는 법은 있어도 줄어드는 법은 없다."

나 역시 직장에 입사하기 전까지 취업을 위한 공부에 초점을 맞췄다. 내가 진정 무엇을 원하는지, 생존을 위해 필요한 스킬은 무엇인지 중요한 문제에 대해 고민하지 않았다. 남들이 다 준비하니까 영어와 자격증을 준비하며 스펙을 쌓는 데 집중했다. 스펙을 쌓으면 익힌 내용이 지금 어떻게 활용되는지 돌아보면 허무하기까지 하다. 스펙 쌓기는 입사 관문을 뚫기 위한 일회성 공부에 가까웠다. 나이 들면서 진짜 써먹을 수 있는 공부, 문제를 해결할 수 있는 공부를 해야 한다. 자신이 진짜 필요해서 시작한 공부는 강한 동기 부여를 통해, 지치지 않고 오래 할 수 있다. 성과도, 보람도 두 배가 된다.

사회생활을 시작한 직장인은 모두 새로운 출발점에 서 있다. 지금부터는 입사용 스펙이 아닌, 써먹을 수 있는 진짜공부를 시작하라.

써먹을 수 있는 진짜공부를 시작하라

직장생활 경험을 통해 얻은 깨달음을 정리해야겠다는 생각을 오래전부터 했다. 먼저 어떤 방식으로 남길지 고민했다. 글로 남기는 것이 가장 효과적일 것 같았다. 공대를 졸업하고 엔지니어링, 기계회사를 다닌 내가 글을 쓴다는 건 상상하지도 못한 일이다. 더군다나 책까지 낸다는 건 믿지 못할 일이다. 지나간 10년을 돌아보니 허무함도 느껴지면서 남은 게 무엇일까라는 생각도 든다. 대단한 연구를 한 것도 아니며, 탁월한 성과를 올린 것도 아니지만, 누군가에게 작게나마 도움이 될 수 있는 직장생활의 메시지를 남기고 싶었다.

나의 이런 갈증을 해소할 수 있는 방법은 글쓰기라 생각했다. 직장에서도 글을 잘 쓰면 업무에도 많은 도움이 된다. 지금까지 글은 작가들만 쓸 수 있는 줄 알았다. 직장에서 작성하는 보고서 몇 장으로 글을 쓴다고 할 수 없었다. 본격적으로 글을 쓰기 위해 책을 몇 권 읽고, 동영상 강의도 들었다.

독서를 통해 글쓰기에 대한 감은 잡았지만, 실제 글쓰기를 하지 못했다. 무엇인가 1% 부족한 느낌이었다. 전문가의 도움이 필요했다. 강의를 들었다. 강의 자료를 공부하고 나에게 적용했다. 수업을 듣고 피드백을 받으면서 글쓰기에 대한 두려움이 사라졌다. 나의 글쓰기 공부는 이렇게 출간으로까지 이어졌다. 불과 수개월 만에 벌어진 일이다. 직장을 다니면서 나에게 필요한 진짜공부가 맺은 결실이다. 글쓰기를 하면서 이메일이나 보고서를 쓸 때에도 이전과 다른 시각으로 보게 되었다.

최 상무의 과장 시절 이야기다. 10년 동안 일했던 부서에서 다른 부서로 배치 받은 최 과장은 눈앞이 깜깜했다. 새로운 부서의 업무는 이전 업무와는 너무나 달랐다. 그동안 쌓아온 경험을 활용할 수 있는 분야가 아니었다. 기계를 직접 조립해보고 수백 개의 부품도 외워야 하며, 복잡한 도면, 장비스펙 등 알 수 없는 용어들을 습득해야 했다.

최 과장은 이를 악물고 공부했다. 출퇴근 거리를 줄이기 위해서 집을 회사 근처로 옮겼다. 아내에게는 12시 전에 퇴근하지 못할 것 같으니까 먼저 자라고 이야기해두었다. 최 과장은 남들이 퇴근 한 후 사무실에서 홀로 공부했다. 현장에서 부품을 직접 보고, 도면을 출력해서 실물과 비교했다. 기계용어에 대해 공부하기 위해 책을 구입해서 몇 번씩 읽었다. 퇴근하고 불 꺼진 현장에 가서 기계를 직접 조립했다. 고된 생활을 1년 정도 하다 보니 실력이 어느새 월등히 높아졌다. 최 과장은 훗날 팀장 역할을 하는데 그 당시의 경험이 큰 자산이 되었다고 회상한다.

학창 시절의 공부는 진짜공부가 아니다. 사회적 시스템에 의해 강제적으로 할 수 밖에 없는 공부다. 막연히 대학에 가기 위해, 남들이 따는 자격증을 취득을 위해, 회사에 들어가기 위한 목적이 전부다. 내가 관심 있고, 나에게 필요한 분야, 생존에 도움이 되는 공부를 해야 한다.

써먹을 수 있는 공부가 진짜공부다. 직장에서 전문가로 성장하기 위해, 잘할 수 있는 분야를 찾기 위해, 최고 전문가로 성장하기 위해, 공부의 목적은 다르지만 절박함은 한결같다. 진짜공부는 직장에서 시작된다. 시간을 쪼개서 가치를 높이고 생존에 도움이 되는 진짜공부를 시작해야 한다.

03

프로젝트(TFT) 참여는 '나'의 가치를 높일 수 있는 절호의 기회

기회를 놓치는 가장 큰 원인은 그것이 작업복을 걸치고 있어서 일처럼 보인다는 것이다.
_토마스 에디슨

혁신을 위한 프로젝트가 마주한 현실적 모순과 장벽

생산 중인 제품부터 신제품까지 시장과 고객의 목소리가 담긴 제품을 잘 만들어 많이 파는 것이 제조업의 목표다. 공장의 모든 자원은 한 가지 목표를 이루기 위해 적재적소에 투입된다. 내가 일하는 생산기술 부문은 제품을 잘 만들 수 있도록 조립기술을 개발하고 필요한 자원을 지원하는 역할을 맡고 있다.

공작기계 산업은 높은 정밀도를 요구한다. 무엇보다 기계와 사람의 조화가 중요하다. 특히 기계조립은 하나하나 수작업으로 진행되기 때문에 만드는 사람의 기술과 정성에 따라 품질이 좌우된다. 공작기계 조립에 장인정신이 발휘되어야 최고의 기계가 만들

겨긴다는 밀도 이런 이유에서다.

시장과 제품의 위기가 찾아올 무렵, 회사는 제조경쟁력 향상을 목표로 하는 새로운 프로젝트 추진을 선언했다. 이름하여 제조경쟁력 강화 프로젝트다. 치열한 시장에서 살아남기 위해 제조업의 핵심인 제조부문의 체질개선을 통해 현재 수준보다 경쟁력을 월등히 향상시키기 위한 프로젝트다. 회사 역사상 혁신이라는 이름을 달고 수많은 프로젝트가 진행되었지만 이번 프로젝트에는 큰 규모의 컨설팅 회사가 참여해 프로젝트가 진행된다는 점에서 차이가 있었다.

프로젝트에 참여하면 한 가지 목표를 향해 강도 높고 밀도 있게 업무를 추진해야 한다. 업무강도가 높은 만큼 높은 성과를 이룰 수 있다. 또한 한 가지 분야를 뛰어넘어 여러 분야를 학습할 수 있는 좋은 기회다. 나도 우연한 기회에 프로젝트에 참여하게 되었다. 프로젝트의 내용을 살펴보니 회사의 성장에 꼭 필요한 것이었다. 내 입장에서도 새롭게 배울 수 있는 내용이 많았고, 한 단계 도약할 수 있는 기회로 생각했다. 게다가 해보지 않은 업무에 대한 호기심도 발동해서 부서를 이동하는 것에 적잖은 부담은 있었지만, 긍정적으로 받아들였다.

다른 조직에서 새로운 사람들과 새로운 일을 한다고 생각하니 긴장되었지만, 한편으론 설렜다. 특히 문제해결 전문가인 컨설턴트와 손발을 맞추면서 그들이 일하는 방식을 배울 수 있다는 것에 기대가 컸다. 혁신업무를 처음 하면서 혁신에 관한 기초지식이 필요했다. 팀원들과 협업하기 위해서 나름대로 노력해야 했다. 서점과 도서관을 찾아 관련 책을 읽고 자료를 찾아보았다. 혁신은 무엇이며 어떻게 진행되는지, 혁신의 성공과 실패 사례, 혁신전문가들의 강연 등을 찾아 공부했다. 백지 상태에서 밑천을 채워 넣는 작업은 여러 회의에서 호기롭게 내 의견을 말할 수 있는 중요한 실탄이 되었다.

공작기계의 공장에 적용되는 제조방식에 대한 검토가 진행되었다. 다양한 가치사슬(Value chain)의 업무흐름을 파악하고, 임직원들의 인터뷰를 시작했다. 프로젝트의 아웃풋 이미지, 과거의 혁신프로젝트 산출물들에 대해서도 분석했다. 공장의 생산성을 높이기위해서 어떤 부분을 어떻게 혁신해야 하는지 도출해서 과제로 만들고 추진계획을 세웠다.

해야 할 일이 굉장히 많았다. 업무를 추진하는 곳곳에 장애물이 나타났다. 장애물을 만나면 극복하고 돌아가는 수순이 반복되었다. 그 와중에도 잊지 않고 지켜야 할 원칙을 스스로 만들었다. 공장 체질 개선을 위해 부분 최적화보다는 전체 최적화의 관점에서 혁신을 진행하기로 했다. 부분적으로, 즉 한 개 프로세스의 효율만 높이다 보면 전체의 프로세스와 효율성은 떨어진다는 사례를 통해 배운 교훈이었다.

나는 생산영역별 가치사슬 진단과 생산성 향상 측정방법에 관심을 가졌다. 공장의 가치 흐름도를 작성했다. 이를 통해 비효율이 발생되고 문제가 있는 영역을 확인했다. 혁신을 위한 활동을 담은 보고서의 논리는 간단했지만, 실제로 적용하기에는 현실적 모순과 넘어야 할 장벽이 많았다. 여러 가지 장애물과 학습을 통해 한 달 한 달 성장하고 있는 나를 발견할 수 있었다.

협업을 통해 시야를 넓혀라

혁신팀에서는 회의가 끊이지 않았다. 한 가지 과제를 위해 관련된 팀의 의사결정권자들이 모여서 회의를 진행했다. 참여자들은 대부분 혁신팀에서 제시하는 과제 추진에 대해 반대의견을 표시하거나 부정적인 의사를 표현했다. 현업에서는 지금 상태도 충분히 효율적이고 문제없는데 굳이 혁신이 필요하냐는 질문을 계속 던졌다. 현업의 숙제만 더 늘어난다는 담당자들의 우려로 인해 회의는 혁신팀이 원하는 방향대로 진행되지 못했다.

현재를 부정하고 변화를 추진하려는 혁신팀을 견제하는 현업의 목소리는 당연했다. 하지만 막상 현실적인 벽에 부딪히니 답답했다. 의사결정권자인 리더들조차 혁신에 대해 부정적으로 생각했다. 현업도 바쁜데 어떻게 혁신을 할 수 있을까 하는 회의적 분위기가 지배적이었다.

혁신의 닻을 올리는 작업은 쉽지 않았다. 현업의 철통방어 논리를 뚫고 혁신의 당위성에 대해 설명하기 위해서는 강한 인내심이 필요했다. 때로는 심한 무기력증과 회의감에 온몸이 반응할 때도 있었다. 온종일 애로사항을 듣다 보면 머리가 멍했다. 다양한 부서들의 목소리에는 긍정적인 내용보다는 힘들고 어렵다고 내용들이 주를 이루었다. 이번에도 혁신에 실패하면 내년에도 혁신팀은 제자리에 놓여 있게 될 운명이었다.

프로젝트 기간이 중반으로 넘어갈 즘 경쟁사에 대해 벤치마킹을 실시했다. 경쟁사와의 차이를 분석해보니 갈 길이 멀었다. 컨설턴트들과는 계속 논쟁했다. 과제방향, 미래 변화모습, 변화방법 등을 두고 수없이 싸우고 토론했다. 격한 어조로 회의가 진행되는 건 예사였다. 치열한 논의를 하는 와중에도 컨설턴트들이 어떻게 생각하고 일하는지 배울 점이 보였다.

그들은 고객사의 산업경험은 부족했지만 문제해결 프레임을 적용해서 과제를 만들고 실행하도록 만드는 과정에서 전문 역량을 발휘했다. 공장에서 발견된 문제의 핵심을 분석하기 위해 발생 원인을 분석했다. 부품이 운반되는 횟수와 부품 개수, 물류흐름방식을 조사하고, 물류업무 담당자의 이야기도 들었다. 담당자는 현재 물류방식의 문제부터 협력업체의 어려운 점, 전산 사용의 불편한 점을 가감 없이 이야기해주었다. 이번 프로젝트가 아니면 듣기 힘든 공장의 속살과도 같은 밑바닥 정보였다. 그동안 자신의 이야기를 아무도 들어주지 않았는데 이번 기회에 잘 들어줘서 고맙다는 이야기도 전했다. 물류담당자의 이야기를 참고하여 해결방안을 수립했다. 관련 부서를 소집해서 어떻게 해결할지 의견을 듣고, 한걸음 더 내딛을 수 있는 개선안도 실행했다. 우문현답('우리의 문제는 현장에 답이 있다')이 직접 통한다는 걸 깨달았다.

혁신의 핵심 축 가운데 시스템과 제도는 머리를 맞대고 고민을 통해 뜯어 고칠 수 있었지만, 사람을 변화시킨다는 것은 매우 어려운 일이었다. 과연 사람은 어떻게 해야 변화할 수 있을까? 지금까지는 후천적 노력과 동기부여, 외부의 자극에 의해 사람은 변화될 수 있다고 믿었다.

하지만 혁신프로젝트를 하면서 내 생각이 옳지 않을 수도 있다는 것을 알게 되었다. 수십 년간 생각하고 행동한 패턴들은 어떠한 자극에도 쉽게 변하지 않았다. 오히려 외부의 자극이 들어갈 때마다 단단하게 고착화되었다. 같은 장소에서 비슷한 일을 오래 하면 할수록 굳어진 습관의 근육을 깰 방법은 없었다. 기다리는 방법이 최선이었다. 조직의 공동 목표를 만들고 비전을 수립해도 행동의 변화로 발현되기까지는 시간이 필요했다. 충분한 대화와 적정한 기다림이 필요했다. 적어도 그들의 작은 변화를 끌어내기 위해서는.

프로젝트에 참여하여 혁신팀에서 일하지 않았다면 나는 지금까지 해왔던 업무를 하며 1년을 보냈을 것이다. 같은 일을 하면서 1년이 지나 나를 돌아봤을 때 얼마나 성장했느냐고 누군가 묻는다면 자신 있게 답할 정도는 못된다. 하지만 프로젝트에 참여하면서 다른 분야의 팀원들과 협업하며 쌓은 색다른 경험 덕에 편협한 시각에서 벗어날 수 있었다.

직장의 중요한 목표를 달성하기 위해 프로젝트나 TFT(Task Force Team. 특정한 목표를 수행하기 위해 단기로 만들어진 프로젝트성 팀)에 참여할 기회가 생긴다면 참여해보라. 단기간에 새로운 분야에서 경험을 얻을 수 있다. 한 가지 시각에서 벗어나 새로운 시각으로 문제를 바라보고 협업시스템을 경험하면 이해관계가 복잡하게 얽혀 있는 문제를 풀 수 있는 넓은 시야를 가지게 될 것이다.

04

대체가능성이
낮은 사람이 회사에서
살아남는다

10년차 직장인은 1년짜리 같은 경험을 10번
할 뿐이다. 때문에 직장인은 10년이 되어도
전문가가 될 수 없다. _피터 드러커

관리자의 전문성은 존재할까?

김 대리는 전자회사에서 일하는 대학동기에게 말했다.

"손에서 엑셀을 놓으면 안 될 거 같아."

"무슨 뜻이야?"

"회사에서 구조조정 대상자를 선정할 때 관리자급을 먼저 검토
한다는 소문이 돌고 있어. 최대한 실무를 손에서 놓으면 안 될 거
같아."

"아, 그런 뜻이구나."

김 대리는 팀에서 중요한 업무를 하는 실무자다. 팀의 핵심 업무
들은 주로 대리에서 과장이 맡는다. 실무자들은 엑셀을 주로 사용

하며, 엑셀에서 벗어나는 순간 자신의 위치가 관리자급으로 넘어간다. 통상적으로 회사는 구조조정이나 희망퇴직과정에서 관리자급을 우선 대상자로 선정한다. 엑셀에서 손을 놓는 순간 구조조정대상자가 되는 셈이다. 때문에 김 대리는 엑셀을 놓지 않고 싶었던 것이다.

대부분 기업의 직급체계는 사무직의 경우 사원-대리-과장-차장-부장-임원으로 구성된다. 물론 일부 회사에서는 직급체계가 다르기도 하다. 통상 관리자급이라고 하면 과장급 이상을 지칭한다. 영어단어로 표현하면 'Manager', 즉 '관리자'라는 의미다. 사원, 대리의 실무자 시절을 거치면 과장이 된다. 물론 과장급도 실무자가 있다. 과장이 되고 직급이 높아질수록 내가 일을 해서 성과를 내기보다는 남이 일을 하도록 만들어 성과를 만드는 역할이 부여된다. 직종과 직무에 따라 다르지만 남이 성과를 내도록 만드는 이 지점에서 고민을 하게 된다.

실무자로 계속 남을 것인가? 관리자로 성장할 것인가? 남이 일을 하도록 만드는 작업은 내가 일해서 성과를 내는 것과는 차원이 다른 문제다. 어려운 문제도 내가 담당해서 연구하고 고민해서 풀던 실무자 시절과는 확연히 다르다. 리더십도 필요하고 코칭, 상담, 조직 장악력, 통찰력 등 실무역량 이외에 다양한 역량이 필요하다. 문제해결능력에 대인관계능력이 더해져야 한다.

준비되지 않은 관리자는 늘 위기를 겪는다. 골치 아픈 일을 직접 처리해서 끝낼 수도 없다. 실무자 때 느끼던 보람을 느낀 지 오래다. 자신이 직접 처리하는 일이 적어지기 때문에 일을 통한 즉각적인 보람을 느끼기 쉽지 않다.

　조직마다 성장경로는 다르겠지만 직종과 직무에 따라 '스페셜리스트 경로'와 '제너럴리스트 경로'가 있다. 이 경로는 직장의 조직 논리에 따라 정해진다. 내가 어떤 경로로 성장하고 나의 성향과 직무연관성이 어떤지 잘 따져보아야 한다.

　실무자를 거쳐 관리자가 되면 어떤 전문성을 가져야 할까? 기업에서 인재가 성장해나가는 과정을 계단식 모형으로 설명한 연구보고서가 있다. 이 보고서에 따르면 총 다섯 계단의 모형이 있는데, 계단을 올라갈 때마다, 즉 승진할 때마다 머물렀던 계단(승진 전 직급)의 업무는 버리고 다음 계단(승진 후 직급)의 업무를 습득해야 한다.

　예를 들어 대리는 과장이 되면서 대리 업무는 다른 사람에게 넘겨주고 과장의 업무를 해야 한다. 계단을 오를 때마다 이런 절차를 거쳐야 조직도 발전하고, 개인도 성장할 수 있다. 즉 과장급 이상이 되면 자연스럽게 실무보다 관리업무가 많아진다. 옆 페이지의 그림을 통해 직급별 실무업무와 관리업무의 비중이 어떻게 변하는지 추정해보자. 사원의 업무는 실무가 대부분을 차지한다. 대리 시절까지 대부분을 차지한다. 과장급이 되면서 점점 실무와 관리업무의 비중에 변화가 생긴다. 차장급이 되면 관리업무가 실무업무보다 많아진다.

직급별 실무와 관리 비중 변화

실무역량   관리역량

임원
부장
차장
과장
대리
사원 2
사원 1

21세기의 기업, 관리의 영역보다 전문성의 영역이 늘어난다

관리자인 리더의 전문역량은 무엇인가? 관리업무가 전문성이
있다고 말할 수 있을까? 관리역량에 전문성이 포함된다고 가정해
보자. 시장에서는 어떻게 평가받고 있을까?

헤드헌터와 인사담당자에게 관리직으로 이직하려는 사람의 경
쟁력과 채용가능성에 대해 물었다.(전문경영인 및 특수직종의 임원,
즉 법무·세무·회계 담당자는 범위에서 제외하자.) 그들은 한결같이
관리자급 포지션이 많기도 하거니와 기업에서 요구하는 수준의 관

리역량을 갖춘 구직자들은 시장에서 쉽게 구할 수 있다고 했다. 웬만한 경력으로는 재취업과 커리어 개발이 어려운 상황이다.

관리자는 기업 입장에서 조직을 운영하고 성과를 내는 중요한 자원이다. 관리자는 단군 이래 최대 스펙의 신입사원들, 영리한 중간관리자들을 리드하여 성과를 만들어야 한다. 그들의 마음을 얻어 성과를 만드는 일은 쉽지 않다. 단순히 직급으로 내세워서 할 수 있는 일이 아니다.

그렇다면 개인의 경쟁력 측면에서 관리 역량은 무엇을 의미일까? 간단히 정리하면 사람관리, 업무관리, 일정관리 역량을 뜻한다.

빅데이터 전문가인 다음소프트 송길영 부사장은 직장의 미래와 기업의 조직형태에 대해서 이렇게 얘기했다.

"저성장과 4차산업 혁명의 시대를 맞아 기업 조직이 이미 달라지고 있습니다. 연공서열이 무너지고 관리직이 없어질 겁니다. 지금 이미 대기업 피라미드 조직에서 중간관리자가 대거 빠지기 시작했습니다. 기업에서 생산이나 판매 회계를 컴퓨터로 관리하는 전사적 자원관리(ERP) 시스템이 있는데 굳이 관리만 잘하는 사람이 필요 없습니다. 관리만 잘하고 실제 일을 잘하지 않는 무임 승차자(Free rider)는 살아남기 어렵습니다."

직장에서 자신이 하는 일이 무엇인지 진지하게 분석해보라. 시간이 지나면 누구나 할 수 있는 일인지, 고도의 전문성이 필요한 일인지, 실무자들을 관리해서 성과를 만들도록 하는 일인지 냉정하게 따져보라. 내가 하는 일의 대체가능성을 진단하라. 조직에서의 대체가능성을 생각한다면 자기만의 확실한 무기가 있어야 한다. 조직과 시장에서 통할 수 있는 무기 말이다. 관리자의 시대는 저물어가고 전문성을 기반으로 삼은 다양한 직업군이 빠르게 확산되고 있다. 자신의 역량을 발휘할 수 있는 전문 영역을 발굴하고 특화시켜라. 직장에서 대체가능성이 쉬운 일을 하고 있다면 위기의식을 갖고 자신만의 무기개발에 전력투구하라.

글 쓰는 직장인에게
기회가 찾아온다

글쓰기는 내면을 들여다보고 다가올 미래를
그려볼 좋은 기회다. _나카타니 아키히로

글쓰기가 중요한 능력이 되는 시대

매트 뮬렌웨그(Matt Mullenweg)는 전 세계 인터넷 사이트 중 25퍼센트가 사용하는 콘텐츠관리시스템인 워드프레스(WordPress)를 개발한 오토매틱(Automattic)의 CEO다. 오토매틱에 근무하는 500명의 직원은 전 세계 50개국에서 흩어져 근무한다. 이들은 대면회의나 화상전화 회의를 거의 하지 않는다. 본사의 개념도 없다.

그럼에도 오토매틱은 최고의 인재들을 채용하고 있다. 채용과정에는 면접도 없다. 어떻게 이런 시스템이 가능할까? 매트 뮬렌웨그는 이렇게 답한다.

"이메일로 첨부된 서류, 양식, 글꼴, 서체, 복사 기능사용 여부

등을 꼼꼼히 확인합니다. 하지만 낙락을 결정하는 가장 중요한 기준은 글을 명확하게 쓸 줄 아느냐입니다. 저는 글의 명확성이 곧 사고의 명확성을 나타내는 중요한 지표라고 굳게 믿습니다. 디지털 시대가 발전하면 할수록 글을 쓰는 사람이 기회를 얻게 될 것입니다. 오늘날 큰 성공을 거두는 사람들 모두는 말하기와 글쓰기에 탁월한 실력을 갖추고 있습니다."

바야흐로 글쓰기의 시대다. 개인 미디어기기가 발전하면서 글을 간결하면서도 효율적으로 다룰 줄 아는 능력이 각광을 받고 있다. 나 또한 글쓰기 능력을 키우기 위해 많은 시행착오를 겪고 있다. 글쓰기에 익숙해지기까지 많은 시간이 걸렸다. 어린 시절부터 나는 만들고 분해하는 걸 좋아했다. 글쓰기는 다른 세상의 일이라고 여겼다. 문자보다는 숫자가 익숙했고 논술보다는 계산이 편했다. 신문기사나 책 읽는 것을 싫어하는 편은 아니었지만, 인스턴트 음식을 먹듯 쉽게 읽고 쉽게 잊어버리는 수준의 독서를 했다. 읽고 싶은 책만 보는 독서편식 습관도 있다. 지금까지도 글을 읽는 철저한 텍스트 소비자로 살아왔다. 전문 작가들만이 글을 생산할 수 있다고 생각했다.

공대를 나온 나와 달리 사회과학을 전공한 아내는 책 읽기와 글쓰기를 좋아했다. 관심 있는 장르나 분야도 나와는 달리 폭 넓었다. 책읽기와 글쓰기를 즐겨온 아내에게 도움을 주기는커녕 글쓰기를 평가절하 했다. "글을 쓰면 남는 게 무엇이 있는지? 인풋이 있으면 아웃풋이 나와야 되는 게 아니야?" 하는 공격적인 질문도

글을 쓰자. 펜으로 종이에 직접 써도 좋고, 컴퓨터로 타자를 쳐도 좋다. 인생에 대한 사색과 성찰, 업무능력까지 키워주는 글쓰기를 통해 당신은 한 단계 성장할 것이다.

했다.

차라리 글을 쓸 시간에 자산증식을 위한 재테크를 공부하는 게 어떠냐는 제안도 했다. 부동산, 경매, 주식, 전문자격증 공부 등 아내의 관심과 거리가 먼 분야도 권유했다.

그렇게 몇 년의 시간이 흘렀다. 아내는 작가가 됐고 나 역시 글을 쓰고 있다. 게다가 글을 쓰면 어떤 점이 좋은지 소개하고 있지 않은가. 변화된 모습에 나 스스로도 놀랍다.

글쓰기의 놀라운 힘

혼자 조용히 앉아 글을 쓰면 복잡한 감정들이 정리된다. 글을 통해 알게 모르게 쌓였던 스트레스를 자연스럽게 토해낼 수 있다. 글을 쓰다 보면 나도 모르는 사이 부정적인 감정들이 눈 녹듯이 사라진다. 고민하던 문제를 글로 적는 것만으로 절반 정도 해결된 느낌이 든다. 글을 쓰면 자신의 생각과 주장이 일관성 있게 정리된다. 어떤 주제에 대해 꾸준히 글을 쓰면 생각이 흔들리지 않고 논리를 갖추게 된다. 또 겸손해진다. 욕심을 가지고 성취 중독에 걸린 나에게 잠시 쉬고 멈추라는 신호를 줄 수도 있다. 나 자신과 주변을 둘러보고 자신을 더욱 낮춰야겠다는 생각을 하게 된다. 불과 몇 번의 글을 쓰면서 느낀 점이다. 글쓰기의 놀라운 힘이다.

글쓰기 학교인 '자이언트 스쿨'을 운영하는 이은대 작가는《내가 글을 쓰는 이유》에서 이렇게 말한다.

"가장 중요한 것은, 글을 쓴다는 행위 자체입니다. 뭔가 그럴듯한 글, 책이 될 법한 내용을 쓰려고 애를 쓰면 컴퓨터 앞에 앉는 것자체가 부담이 됩니다. 머리보다는 몸이, 몸보다는 손이 먼저 움직여야 합니다. 자판을 두드리는 행위가 습관처럼, 기계처럼 움직여야만 글을 쓰는 것에 대한 부담을 줄일 수가 있습니다."

"글을 쓰는 입장에서는 항상 '내 마음에 드는 글'을 쓰고 싶습니다, 그래서 고민도 많이 하고, 진도도 잘나가지 않지요, 글을 쓸 때반드시 염두에 두어야 하는 생각은 '내 마음에 드는 글'이 아니라'내가 하고 싶은 말'입니다."

진심이 담긴 글은 사람의 마음을 움직인다. 진심을 담아 글을 쓰면 그 울림은 더욱 깊어진다. 글쓰기를 시작하면서 회사에서 문서를 만들거나 이메일을 쓸 때 좀 더 간결하고 이해하기 쉬운 단어와문장을 떠올리는 습관도 생겼다. 군더더기 같은 표현이나 감정을자제하고 쉽고 간결하면서도 사실에 근거한 표현을 쓰려고 노력한다. 문장력도 좋아진다.

글 쓰는 시간은 어느새 나에게 마음의 상처를 치유하는 시간이되었다. 단 몇 줄이라도 매일 쓴다면 자신을 돌아보며 감정을 정리할 수 있을 것이다. 글쓰기는 당신의 업무에 날개를 달아줄 것이다. 당신이 잠든 시간에 당신을 홍보할 것이다. 디지털 시대에 가장 강력한 소통도구인 글쓰기 능력을 키워라. 성장한 자신을 발견할 수 있게 된다.

06

정보가 흐르는
길목을 지켜라

게임에서 이기려면 최대한 많은 정보
를 손에 넣어라. 그리고 들어온 정보는
최대한 비밀로 지켜라. _마이클 코다

알짜 정보는 잡담 중에 나온다

우리나라 대기업에서 임원으로 승진할 확률은 한 자리 수다. 대
기업에서 임원의 자리에 오르는 것도 어렵지만, 임원 자리를 유지
하는 건 더욱 어렵다. 대다수 직장인들이 중간관리자를 지나면서
부터 중도 탈락하여 다른 직종과 직장으로 갈아타는 것이 현실
이다.

5년째 임원자리를 지키고 있는 김 상무에겐 정보를 수집하고 관
리하는 남다른 비법이 있다. 대리 시절부터 정보의 중요성에 눈뜬
김 상무는 어떻게 하면 고급 정보를 제때 수집할 수 있을지 고민했
다. 그는 직급은 낮았지만 사내외에 풍부한 인적 네트워크를 지니

고 있었고, 대인관계 스킬에 뛰어났다. 정보는 사람에 의해 만들어지고, 사람을 통해 흐른다는 사실을 안 그는 사람에게서 정보를 수집하는 것이 가장 효율적이고 확실하다고 판단했다.

김 상무는 주니어 시절부터 팀 동료들은 물론, 다른 부서, 회사의 중요의사결정을 하는 조직의 사람들과 대인관계를 넓혀나갔다. 크고 방대한 조직에서 많은 사람들과 깊이 교감한다는 것은 어려운 일이었다. 그는 조직별로 키맨을 한 명씩 정해서 관리했다. 업무적으로 만난 동료에겐 최선을 다해 도움을 주었다. 자신이 줄 수 있는 게 있다면 기꺼이 도움을 주고 신뢰를 쌓아갔다. 아낌없이 상대방에게 베풀면서 의리를 쌓아가며 관계의 질을 높여나갔다.

돈이 없던 대리 시절에는 술 대신 밥으로, 밥 사줄 돈이 없으면 알고 있던 업무지식을 가르쳐주기도 하고, 사람을 연결해주며 인간관계를 맺었다. 그렇게 1년, 3년, 5년의 시간이 지나면서 꾸준히 관리한 키맨들이 조직 내에서 성장했다. 대외적으로도 다양한 대인관계를 맺어온 그는 회사가 어려움에 처했을 때 외부 네트워크를 가동하여 어려움을 극복하는 데 도움을 주는 일도 했다. 회사가 그의 정보수집능력과 인적네트워크 관리력을 높이 평가했음은 물론이다. 승진의 기회마다 1순위가 되는 것은 당연한 결과였다. 그는 승승장구해서 임원까지 오를 수 있었다. 오늘도 김 상무는 지인들과의 만남을 통해 정보를 수집하여 조직을 이끌어나가는 지혜를 모으고 있다.

정보 수집을 통해 업무예측 가능성을 높이고 시행착오를 줄이는 작업은 매우 중요하다. 갑자기 변경된 회사정책을 숙지하지 못해서 어려움에 직면하기도 하고, 고객과의 미팅 후 계약이 취소된 내용을 모르고 업무를 추진하다 낭패를 보기도 한다. 사외 인맥정보가 필요할 때도 있다. 모두 정보와 관련된 문제들이다.

최 전무는 올해 초 조직개편에서 전무로 승진했다. 치열한 노력과 성과달성을 향한 집념이 이루어낸 결과였다. 그는 회사의 신사업을 견인할 사업부장으로 배치 받았다. 그동안 몸담았던 사업분야와는 전혀 다른 사업부였다. 정들었던 동료와도 작별인사를 하고 새로운 사업부로 출근했다. 신규 사업부는 외부에서 전입오거나 새롭게 입사한 직원들로 채워졌다. 근무하는 직원들과 최 전무는 거의 일면식이 없었다.

그는 새롭게 사업부를 책임지고 회사의 미래 먹거리를 발굴해야 한다는 사명감과 책임감에 부담도 느꼈지만, 지금까지 해온 것처럼 잘해낼 수 있다는 자신감이 넘쳤다. 팀원들에 대한 진정한 관심에서 성과창출이 시작된다는 평소의 믿음처럼 그는 부임하자마자 직원들과 면담을 시작했다. 서로 최소한의 친분이 있어야 유연하게 일을 처리할 수 있을 거라는 판단에서였다. 그는 이전 부서에서도 특유의 친화력과 리더십으로 직원들을 하나로 뭉치게 만든 전력이 있었다.

그는 수백 명에 이르는 신규 사업부의 직원들과 친분을 쌓기 위해 차례차례 면담을 시작했다. 신규사업부에서 어떤 일을 하고 싶은지, 지금 직장생활을 하는 데 가장 큰 고민은 무엇인지 경력개발은 어떤 방향으로 할 것인지 등 직원들의 다양한 애로사항을 청취하려고 노력했다.

적극적인 노력에도 불구하고 최 전무는 친분이 없는 상태에서 신뢰를 쌓아가기엔 어느 정도 한계가 있다는 것을 알았다. 많은 시간을 들여 직원들과 면담했지만 최 전무는 무언가 허전한 느낌을 지울 수 없었다. 팀장 시절과는 또 다른 직원과의 벽이 느껴졌다.

최 전무는 딱딱한 사무실을 벗어나 다른 방법으로 직원들과의 거리를 좁혀나가기로 했다. 먼저 몇 년 전 끊었던 담배를 다시 피우면서 흡연장에서 자연스럽게 직원들과 어울렸다. 흡연장은 직급보다 담배라는 공통된 매개체로 모여 서로간의 어색함을 누그러뜨릴 수 있는 최적의 장소라는 점을 최 전무는 누구보다 잘 알고 있었다. 사원, 대리 직급을 비롯해 중간관리자들과도 담배를 같이 피우면서 시시콜콜한 이야기까지 나누었다.

몇 주의 시간이 지나면서 효과는 바로 나타났다. 어느 날, 흡연장에서 최 전무는 실무진에서 고민하던 문제들을 듣게 되었다. 책상에 앉아서 보고만 받았더라면 얻지 못할 밑바닥 정보였다. 최 전무는 이 정보를 통해 자연스럽게 성과를 만들어냈다. 정보는 담배 연기를 타고 흐르기도 한다. 담배가 주는 해방감, 흡연자들끼리의 공감대, 흡연 장소의 편안함을 등에 업고 알짜 정보가 흘러나온다. 실내에서 틀에 박힌 면담을 진행하는 것보다 담배를 같이 피우는 것도 효과적인 방법이다.

이후에도 최 전무는 흡연실 대화를 통해 진심과 농담이 섞인 팀원들의 이야기를 쉽게 접할 수 있었다. 진로 고민 중인 박 과장, 일이 잘 안 풀려 가슴앓이하던 김 대리에 대한 정보는 신규사업부를 경영하는 데 큰 자산이 되었다.

우연히 알게 된 정보 하나가 문제 해결의 실마리가 된다
—

커리어 컨설턴트 스티븐 비스쿠시(Viscusi)는 《직장인 생존 철칙50》에서 정보공유에 대해 이렇게 얘기했다.

"정보를 나누는 것은 실용적일 뿐만 아니라 사회적으로도 가치 있는 시도이다. 정보 공유는 동료와의 사이에 관계를 형성하고, 그것을 지탱해주는 연결고리 역할을 하며, 한 걸음 나아가 성공을 위한 지적 자산이 되어준다. 그리고 당신이 하는 일은 다른 사람들의 일에 직접적인 영향을 끼친다. 즉 이 말은 당신이 정보를 공유하지 않는 것은 동료들이 필요로 하는 것을 나누지 않는 것과 마찬가지라는 의미이다. 그러므로 어떤 의미에서는 정보를 숨기는 일이 정보를 자유로이 공유하는 것보다 더 위험하다."

김 대리는 외향적이고 적극적인 성격으로 회사에서 어떻게 하면 인간관계를 확장할 수 있을까 고민 중이다. 운동을 좋아하는 김 대리는 사내 동호회 중 가장 활발하게 활동하고 인원수가 많은 축구동호회를 선택했다. 축구를 잘하는 것은 아니지만 다양한 부서의 인원들이 모인 이곳을 통해 인적 네트워크를 확장하기로 했다. 정기적인 축구시합에 참석하여 선배들, 후배들과 친목을 쌓아나갔다. 축구의 특성상 같이 땀 흘리며 운동장을 뛰면서 금방 친해질 수 있었다.

　김 대리의 예상은 적중했다. 동호회에서 여러 부서의 사람들을 사귈 수 있었으며, 마음 맞는 회원들과 자주 만나 고민을 공유할 수 있었다. 일 잘하는 동호회 선배에게 고급정보를 얻기도 했다. 시간이 흐르면서 김 대리는 여러 가지 정보를 동호회 회원으로부터 쉽게 들을 수 있었고, 업무에 활용하기도 했다.

　유통업계에서 일하는 신 과장은 업계동향 파악에 많은 노력을 기울이고 있다. 같은 업종, 같은 팀, 같은 일을 하는 사람들과의 만남을 통해 관련 정보를 수집하는 것은 중요한 업무 중 하나다. 하지만 새로운 생각, 건강한 자극을 받기에는 부족했다. 업계 동향을 파악하는 것도 중요했지만 다른 업계에서 일하는 사람들의 이야기를 통해 건강한 자극을 받고 싶었다.

　신 과장은 대인관계 영역을 확장하고 싶었다. 회사 밖에서 자신의 일과 전혀 관련 없는 직종의 사람들과 대인관계를 맺기 시작했다. 전문직, 자영업자, 작가, 요리사, 프리랜서, 세무사, 예술인, 경찰, 마술사, 보험판매원 등 새로운 관계를 맺어가면서 다양한 정보와 이야기를 들었다. 신 과장은 회사 밖 지인들의 도움으로 직장 이후의 인생 2모작을 준비 중이다. 새로운 정보가 없었다면 현재를 유지하는 일에만 집중했을 거라 얘기한다.

　신 과장은 직장생활 은퇴 후 목공소를 운영하고 싶은 꿈이 생겼다. 회사 내에서만 머물렀다면 생각하지도 못했을 계획이다. 그가 끊임없이 새로운 정부와 건강한 지급을 찾아나섰기에 자신의 두 번째 직업을 꿈꿀 수 있게 된 것이다.

직급이 높으면 가만히 있어도 알 수 있는 정보들이 있다. 하지만 직급이 낮아도 정보수집 능력이 좋으면 상사보다 고급정보를 먼저 접할 수 있다. IT기술의 발달로 정보의 비대칭성은 갈수록 줄어들고 있다. 온라인, 오프라인을 넘나들며 수많은 인적네트워크를 손쉽게 만들 수 있다. 수집된 정보는 굳이 업무에 적용하지 않더라도 활용 가능성은 늘 열려 있다.

회사 내에서 정보가 생산, 배포, 가공, 재생산, 수집되는 과정의 길목이 어디이며 누가 그 중심에 서 있는지 점검하라. 남들보다 반 발짝 앞서고 싶다면 정보 수집에 신경을 써라. 리더, 임원, CEO를 꿈꾼다면 전문성 확보는 기본이며, 폭넓은 네트워크를 통한 정보 수집 능력은 필수다. 정보가 흐르는 길목을 지켜라. 우연히 알게 된 하나의 정보가 어려운 문제를 해결할 실마리가 될 수도 있다.

07

리더십(Leadership)과
팔로워십(Followership)을
동시에 발휘하라

위대한 리더는 책임질 때를 제외하고 어떤 경우에도 자신의 추종자들보다 자신을 더 높은 곳에 두지 않는다. _줄 오르몽(Jules Ormont)

정 대리를 움직인 팀장 리더십

"직장이 싫어서가 아니다. 상사가 싫어서 떠난다."

한 취업포탈 사이트에서 회사를 떠나는 이유에 대해 조사한 결과 상위에 오른 답변이다. 부하직원은 상사를, 상사는 부하직원을 험담하는 것이 현실이다. 리더들은 쓸 만한 직원이 없다고 불평한다. 이와 반대로 부하직원들은 존경할 만한 리더가 없다고 불만을 토로한다.

좋은 리더가 되기 위해서는 어떤 덕목을 갖추고 있어야 하나? 팀원에게 잘해주어야 하는가? 혹독하게 부하직원을 단련시키는 선생님형 리더가 좋은 리더인가? 리더십에 관련된 많은 연구와 조

196

사가 수백 년간 진행되고 있다. 현실 속의 리더, 지기개빌서 안의 리더, 내가 생각하는 리더들의 모습에서 공통분모를 찾아보자.

몇 달째 심각하게 커리어 고민을 하고 있는 정 대리. 얼마 전 조직개편으로 팀장이 바뀌었다. 팀장이 바뀌었을 뿐인데 팀 분위기가 180도 달라졌다.

정 대리의 팀에 과연 무슨 일이 생긴 걸까? 전 팀장은 철저히 보신주의를 추구하는 사람이었다. 새로운 일보다는 기존 업무를 잘 관리하여 안정적인 팀 운영, 즉 현상유지를 주된 목표로 삼았다. 팀원의 어려운 점을 듣기보다 경영진의 관심사를 파악하는 데 많은 시간을 쏟았다. 팀장이라면 당연하다 여길 수도 있지만 경영진에만 잘 보이기 위한 팀장의 모습을 팀원들이 신뢰했을 리가 없다.

정 대리는 업무를 통해 성장하고 싶었다. 그는 오랫동안 생각해 두었던 개선방법을 팀장에게 보고하고 구두로 설명했지만, 팀장은 관심을 보이지 않았다. 오직 자신의 입지와 이해관계에서 유리한 업무만 추진했다. 정 대리는 인간은 자신의 이익이 극대화되는 방향으로 움직인다는 행동경제학 이론을 떠올리며 팀장을 이해하려고 했지만, 아쉬움과 서운함이 드는 것은 어쩔 수 없었다. 그는 이런 팀에서는 성장하지 못할 것이란 생각에 좌절했다. 다른 부서로 옮기거나 이직까지도 고려하고 있던 차에 새로운 팀장이 온 것이다.

새로 온 팀장은 팀원들의 이야기를 잘 들어주었다. 처음에는 말단 사원이 하는 말까지 귀담아 듣는 팀장의 모습이 팀원들은 몹시도 낯설었다.

정 대리와 면담을 하면서 팀장은 말했다.

"업무를 보다가 내 도움이 필요하거나 어려운 점이 있으면 언제든지 얘기해주세요. 팀원을 도울 수 있는 준비가 언제든지 되어 있습니다."

정 대리는 열심히 일해서 팀장님을 잘 보좌해야겠다고 결심했다. 팀장의 한마디에 그동안의 마음고생이 눈 녹듯 사라졌다. 매일 출근하면서 어떤 일을 새롭게 추진해서 팀에 기여할 수 있는지 행복한 고민에 빠졌다. 모두가 떠나고 싶어 하던 정 대리의 팀은 새로운 팀장이 오면서 전혀 다른 팀이 되었다. 이 팀의 성과향상은 시간문제다.

무엇이 팀원의 마음을 움직였을까? 생각해보자. 변화의 원동력은 팀장의 진정성 있는 관심과 행동이다. 리더의 관심과 소통은 팀원들에게 강력한 동기부여가 된다. 리더 한 명이 팀의 분위기와 성과에 커다란 영향을 끼친다. 리더십과 함께 정 대리에게서 자연스럽게 발현된 팔로워십도 조직의 성과에 중요한 역할을 한다.

나쁜 리더의 특징은 다음과 같다.(좋은 리더는 나쁜 리더의 특징을 반대로 적용하면 된다.)

- 성과를 만들기 위한 도구로써 부하직원을 이용한다.
- 틀릴 수 있다는 걸 인정하지 않는다.
- 부하직원에게 책임을 전가한다.
- 변화를 싫어한다.

《왜 함께 일하는가》의 저자 사이먼 시넥(Simon sinek)은 리더에 대해 이렇게 정의했다.

"리더가 탁월하면 서로를 위해 일하는 느낌이 들지만, 리더가 형편없으면 회사를 위해 일하는 느낌이 든다. 좋은 리더에게 중요한 것은 '무엇이 옳은가?'이다. 나쁜 리더에게 중요한 것은 '누가 옳은가?'이다."

조직 내 갈등은 어제오늘의 일이 아니다. 갈수록 경제가 어려워지다 보니 밥그릇 싸움은 조직을 넘어 세대 간 갈등까지 이어지고 있다. 1980년부터 2000년대 초반에 출생한 세대를 가리키는 밀레니얼 세대는 회사를 구성하는 사원, 대리부터 과장까지 주축을 이루고 있다. 밀레니얼 세대는 극심한 취업난 속에 연애, 결혼, 출산은 물론 집 장만, 인간관계 그리고 꿈과 희망까지 포기해 '3포', '5포'를 넘어 '7포 세대'로 불리는 한국의 젊은 세대를 지칭하는 말이기도 하다. 이들은 조직에서 상사 역할을 하는 베이비부머세대와의 협업과 갈등을 반복하며 점점 조직의 중요한 위치를 차지해나가고 있다. 세대가 섞여 있는 복잡한 조직 속에 성과를 극대화하기 위해선 상사와 부하직원 모두 리더십과 팔로워십을 발휘해야 한다.

남 대리는 입사초기 경험한 해외현장 근무에서 많은 걸 깨달았다. 남 대리와 같이 일하는 상사는 의자에 앉을 틈도 없이 바빴다. 매일 아침 일찍 출근해서 자정이 되어 퇴근했다. 일손은 늘 부족했고, 해야 할일은 넘쳤다.

남 대리는 무엇을 해야 할지조차 모르는 신입사원이었다. 모든 게 낯설었다. 하나씩 배워야 하는 상황이었다. 현지인들과의 소통은 당연히 힘들었다. 짧은 영어조차 통하지 않았다. 일찍 퇴근하는 날이면 어김없이 술자리가 이어졌다. 상사는 가족과 떨어져 지내는 외로움을 동료들과의 술자리로 풀었다. 한 번 마시면 내일 죽을 것처럼 폭음했다. 주량이 약한 남 대리는 독한 술에 맞서 싸우며 하루하루 버텨나갔다.

정신과 육체는 지쳐갔다. 번아웃 상황까지 얼마 남지 않았다는 걸 느꼈다. 하루하루 소진되는 상황에서 남 대리는 열정이라는 불을 지피기엔 너무 지쳐 있었다. 업무적으로 도움을 줄 동료도 없었다. 일 중독자인 상사는 일 이외의 것은 생각할 줄 모르는 것 같았다. 업무 이야기 말고 상사와 대화를 나누어본 적이 없다. 온종일 업무 이야기만 했다. 남 대리가 유일하게 편히 쉴 수 있는 시간은 식사시간뿐이었다.

남 대리는 철저하게 기계의 부속품이었다. 상사는 남 대리를 부하직원으로 보지 않았다. 철저하게 일을 처리하기 위한 기능이 있는 존재로만 보았다. 남 대리는 결국 약속한 시간을 겨우 버티고 리더의 그늘에서 탈출했다. 그는 만반의 준비를 통해 좀 더 비전 있고 인간적인 회사로 이직했다.

리더십에 관련된 책에서 '리더와 보스의 차이'에 대해 이렇게 얘기했다.

"보스는 부하를 일을 처리하기 위한 도구로만 생각하지만, 리더는 부하를 성장시켜야 할 육성의 대상자로 생각한다."

리더가 되기 위해 당신은 무엇을 준비하고 있는가?

좋은 리더는 말과 행동이 일치하는 리더, 어려움을 해결해주는 리더, 책임지는 리더, 공정한 리더다. 좋은 리더의 정의도 시대와 세대에 따라 바뀐다. 처한 입장에 따라 리더십도 다르게 발휘되어야 한다. 조직의 성과를 좌우하는 첫 번째 열쇠는 리더가 가지고 있다. 두 번째 성과달성의 열쇠는 부하직원과 그의 팔로워십이다. 리더가 바로 서야 조직이 바로 설 수 있다. 만약 리더의 자리에 올라가야 한다면 당신은 어떤 유형의 리더가 되고 싶은가?

산업 성장기에는 농업적 근면성이 중요한 덕목이었다. 열심히 오래 일하는 사람이 인정받았고, 강력한 카리스마를 지닌 리더가 통했다. 팀원들을 휘어잡으며 일사분란하게 지시하고 관리하며 성과를 만들어내는 리더십은 성공의 필수조건이었다. 모든 분야의 기술이 빠르게 발달하며 정보는 공개되고 다양한 개성을 가진 새로운 세대가 조직으로 들어온다. 직장은 평생 일하는 곳의 개념에서 경력을 쌓고 역량을 키우는 곳으로 인식이 바뀌고 있다. 월화수목금금금의 오로지 일만 하는 생활보다 일과 삶의 균형을 중요시 여기는 가치관이 확산되고 있음을 놓치지 말아야 한다.

게다가 IT 기술의 발달은 리더에게만 정보가 쏠리는 비대칭 현상을 줄이는 데 크게 기여했다. 회사 밖의 사회적 네트워크, SNS의 발달로 정보수집의 채널과 속도, 정보의 질은 높아지고 있다. 더 이상 리더만이 정보를 소유하고 여론을 만들 수 있는 시대가 아니

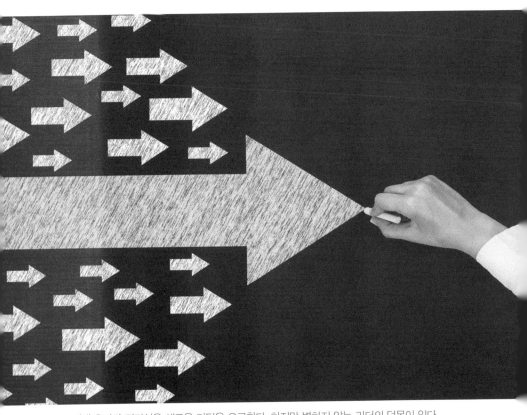

시대에 따라 리더십은 새로운 미덕을 요구한다. 하지만 변하지 않는 리더의 덕목이 있다.
바로 확실한 방향과 뚜렷한 동기부여이다.

다. 지원들은 좋은 조건의 일자리가 생기면 언제든지 떠날 준비를 한다. 기업들 또한 지속되는 경기불황에 구조조정을 상시로 진행한다.

이와 같이 변화되는 환경 속에서 리더는 어떤 생각을 가지고 조직을 이끌어야 할까? 부하직원은 어떤 태도를 가지고 리더를 보좌해야 할까? 어려운 과제다. 앞으로의 10년은 과거 10년보다 더욱 빠르고 예측 불가능한 상황들이 벌어질 거라고 전문가들은 전망한다.

개별적으로 흩어진 기능을 잘 융합해서 성과를 만들어내는 리더의 역할이 그 어느 때보다 중요하다. 리더는 한순간에 완성되지 않는다. 리더의 자리에 오르는 사람은 많지만, 훌륭한 리더는 손에 꼽을 정도다.

같이 일하는 리더의 모습에서 당신이 되고 싶은 리더의 강점을 찾아라. 당신은 어디서 동기부여를 얻는지 둘러봐라. 당신이 따르고 싶은 리더는 어떤 특징이 있는지 확인하라. 당신은 어떤 리더가 되고 싶고 현재 어떤 준비를 하고 있는가?

훌륭한 리더를 판별할 수 있는 간단한 질문이다.

"당신은 그 리더를 존경(Respect)하는가?"

Part 5

직장은 '나'만의
직업을 만들 수 있는
최적의 장소

01

인생 2모작은 입사할 때부터 준비하라

인생의 경영은 마라톤 경기와 같다. 따라서 그 중간 지점에서 도달할 목표를 명확히 설정해서 정열을 불태워야 한다. _다부 (미쓰비시 상사 회장)

인생 2, 3모작을 준비해야 하는 시대

대기업에서 승승장구하여 남들보다 일찍 임원의 대열에 합류한 홍 상무는 임원의 고충에 대해 술자리에서 조용히 털어놓았다.

"평직원일 때는 남들이 부러워하는 임원이 되기 위해서 두 배, 세 배 열심히 일했다. 남들보다 일찍 출근하고 늦게 퇴근하는 건 당연했다. 회사에서 동료와의 경쟁은 끝이 없었다. 회사에서 인정받고 승진하니 경제적 여유는 생겼다. 반면 직급이 올라갈수록 책임은 커지고 업무는 많아졌다. 개인적 여유는 더욱 줄어들었다. 특히 임원이 되고 나서 하루 시간 중 내가 마음대로 사용할 수 있는 시간은 거의 없어졌다. 가족과 함께 평일저녁 식사를 해본 기억은 손에 꼽는다. 경제적으로는 넉넉해졌지만 시간은 늘 부족하다. 회사의 크고 작은 행사에도 모두 참여해야 하기 때문에, 혼자만의 시간은 사치다. 단 하루라도 나를 위해 편하게 사용할 수 있는 시간이 있으면 좋겠다."

한 일간지에 나온 기사다.

"한국경영자총협회가 2014년 전국 219개 기업을 대상으로 발표한 '2014년 승진·승급관리 실태조사'에 따르면, 신입사원이 부장으로 승진하는 비율은 2.41%, 임원으로 승진하는 비율은 0.74%인 것으로 나타났다. 1,000명이 입사해 단 7명만이 임원이 되는 셈으로 극소수에 불과하다. 지연, 학연을 갖췄고 사내 정치에 일가견을 발휘해도 오랜 기간 버텨내지 못하면 임원 자리는 그림의 떡에 지나지 않는다. 비록 임원이 됐다 하더라도 그에 따른 책임도 져야 하기 때문에 일각에선 '파리 목숨', '임시직원'이라고 말하기도 한다. 그럼에도 직장인들은 명예와 막강한 권한을 갖고자 직장인의 로망인 임원 달기에 안간힘을 쓴다."

임원 승진확률이 7.4%도 아닌 0.74%다. 1,000명 중 7명만이 임원으로 승진한다. 임원에 승진하지 못한 나머지 인원들은 그 전에 회사에서 사라진다. '기업의 별' 임원이 되면 고액연봉, 중형차량, 임원집무실 등 여러 가지 혜택이 생긴다. 하지만 임원이 된다고 해서 모든 게 좋아지는 건 아니다. 위에 언급된 홍 상무처럼 철저히 회사를 위해 모든 걸 쏟아야 한다. 매년 실적에 따른 재고용 여부도 큰 스트레스다.

100세 시대. 이젠 익숙한 말이다. 100세 시대를 넘어 150세 시대란 말도 나온다. TV와 인터넷 등 각종 매체에서 100세 시대를 배경으로 각종 상품과 홍보, 정책, 뉴스들이 쏟아져 나온다. 의학과 기술의 발달로 인간의 수명은 계속 늘어나고 있다. 지금까지는 70세까지 산다는 가정 하에 25년 공부해서 30년 벌고 30년간 벌어놓은 돈으로 남은 15년간 쓰는 패턴으로 인생을 설계했다.

100세 시대는 다르다. 25년간 공부해서는 30년이 아닌, 20년도 버티기 힘든 세상이다. 실업률은 매년 오르고, 힘들게 입사한 회사에서 정년까지 버티는 건 사치가 된 지 오래다. 입사한 지 1년 된 신입사원도 구조조정의 칼날을 피할 수 없다. 의학기술의 발달로 생물학적 수명은 늘어났는데, 회사에서 자리를 지키며 월급을 받을 수 있는 기간은 급격히 짧아졌다.

회사에서 나온 뒤 남은 40~50년의 시간을 어떻게 보낼 것인가? 준비되지 않은 노후는 재앙이라는 표현도 한다. 노후절벽이라는 말도 생겼다. 0.74%의 확률을 뚫고 운이 좋아 회사에서 임원까지 승진한다면 경제적으로 여유는 있겠지만 그만큼 치러야 할 대가도 만만치 않다. 임금노동자로 사는 대부분의 직장인은 젊은 시절에는 시간과 돈을 교환한다. 나이가 들고 퇴직 후 시간은 있는데 마땅한 일이 없고 돈이 부족하다. 평균수명 연장은 인생 2모작도 아닌 인생 3모작 시대를 불러온다. 일생에서 2~3개쯤 직업을 가져야 안정된 삶을 영위할 수 있다고 한다.

나만의 강점을 개발하라

7년차 백 대리는 직장을 다니면서 전문 자격증 취득에 열을 올린 지 벌써 3년째다. 직장에서 퇴근 후, 주말시간을 이용해서 틈틈이 세무사 자격증 시험을 준비하고 있다. 소위 말하는 일하면서 공부하는 '샐러던트'다. 백 대리가 회사에서 격무에 시달리고 지친 몸을 이끌고 퇴근 후에 도서관을 찾는 목적은 단 한 가지다. 불확실한 미래를 헤쳐 나가기 위해 회사의 보호막 없이도 먹고 살 수 있는 자격증 취득을 위해서다.

백 대리는 지난 구조조정 때 회사를 떠난 동료를 떠올리며 도서관에서 이를 악물고 열공 중이다. 그는 직장 후배에게 이렇게 조언했다.

"대기업도 한순간에 망하는 세상이다. 회사가 직원을 끝까지 보호해줄 거란 순진한 생각은 버려. 한 살이라도 젊을 때 자신만의 필살기를 만들어야 한다. 나만의 'Plan B'를 만들고 오늘부터 당장 실행해. 미래를 공부하고 자신의 강점을 개발하는 사람에게 다가올 앞날은 오히려 기회다."

백 대리는 수면시간을 줄이고 매일 공부하는 습관을 만들었다. 지인, 경조사, 외부모임을 차단하고 직장일과 공부만 생각했다. 3년간 포기하지 않고 꾸준히 공부한 덕에 비교적 짧은 기간 안에 세무사 시험에 합격했다. 합격 후 회사를 그만두고 수습기간을 거쳐서 지금은 세무법인을 만들고 개업세무사로 활동하고 있다. 법인 안정화 기간이라 바쁘지만 하루하루 자신의 경험과 역량을 쌓

으면서 자신만의 업을 만들고 있다는 생각에 피곤함도 금방 잊어
버린다.

7년간 직장에서 만든 인맥과 업무노하우를 세무 업무에도 적용
하고 있다. 일도 많아지고, 외부 강의 요청도 꾸준히 들어온다. 지
역 업계에 세무컨설팅 활동도 병행하며 직장생활에서 느끼지 못한
자신이 주도하는 인생의 참맛을 느끼고 있다.

20년차 직장인 손 차장은 오늘도 주말이 기다려진다. 3개월 전
시작한 목공이 그렇게 재미있을 수 없다. 호기심 반, 기대 반으로
시작한 목공기술은 이젠 간단한 가구 정도는 몇 시간 만에 뚝딱 만
들 수 있을 정도다. 목공에 재미가 붙어 계속 연구하다 보니 공구
다루는 일도 익숙해졌다. 집에 갖다놓고 쓸 만한 가구도 만들었다.
회사에서 온종일 머리만 쓰는 일에 잡혀 있다가 주말에는 손과 머
리를 같이 쓰는 목공을 통해 쌓인 스트레스를 풀고 있다.

취미로 시작한 목공은 한 번 시작하면 4~5시간이 금방 가는 줄
모를 정도로 몰입하게 된다. 그동안 몰랐던 수십 종의 나무도 공부
하게 된다. 나뭇결을 손으로 문지르며, 나무의 본래 거칠기를 직접
느껴본다. 한 시간만 목공에 몰입해도 이마엔 땀이 맺힌다. 땀 흘
리는 노동의 신성함도 느낀다. 재미로 만든 가구에 대한 주변 반응
도 좋다. 지인들로부터 가구를 주문받으라는 말도 듣고 있다.

손 차장은 직장생활 20년 만에 진정 자신이 하고 싶은 일을 찾
은 것 같아 마음이 든든하다. 주말에 목공을 하면서 얻은 에너지로
평일 회사일도 이전보다 잘 풀린다. 더 나아가 목공을 비즈니스로

연결시켜 수익을 낼 수 있는 방법도 넌┼ 숭이다. 손 차장의 퇴직 이후가 기대된다.

통계청 조사에 의하면 국내기업의 정년은 60세로 늘어났지만 실제 체감퇴직 연령은 52세다. 자의든, 타의든 퇴직의 순간은 예상보다 일찍 찾아온다. 직장을 다니면서 자신은 어떤 무기를 준비해야 하는지 분석하라. 한 번에 실행으로 옮기기는 힘들다. 시간을 두고 꾸준히 자신의 강점을 개발하라.

우선 당신이 직장에서 하는 일에서부터 깊고 넓게 보면서 기회를 찾아보는 방법이 제일 좋다. 자신의 발밑(업무)을 깊게 파고 들어가면 어느새 그 분야의 최고 전문가로 성장할 수도 있다. 직장을 다니면서 생계를 유지할 수 있을 때 자신의 가치를 높일 수 있는 방법을 계획하고 실행해야 한다. 치열하게 고민하고 조언을 구하고 실패도 해야 한다.

우리는 모두 한 가지 이상 탁월한 재능을 가지고 있다. 자기 안에 잠자고 있는 가능성과 잠재력을 숨기고 있지는 않은가? 걱정할 필요 없다. 다만 아직 발견되지 않았을 뿐이다.

02

직장인에게 꼭 필요한
서바이벌 키트

행운이란 준비와 기회의 만남이다.
_오프라 윈프리

당신은 예측이 가능한 직장생활을 하고 있는가?

박 대리는 정유회사에서 일한다. 정유회사는 다른 업종에 비해
비교적 안정된 업종이다. 박 대리는 담당하는 업무와 근무환경을
지인들에게 자랑할 정도로 만족도가 높다. 일과 삶의 적절한 조화
소위 워라밸(Work & Life Balance)이 좋은 직장이다. 박 대리는
최근 부서를 이동하고 새로운 업무에 한참 적응 중이다.

바쁘게 일하고 있는 와중에 팀장이 면담을 요청했다. 팀장은 박
대리에게 그룹 내 다른 계열사로 이동할 수도 있다고 말했다. 이제
새로운 업무에 겨우 적응했는데 다른 계열사로 갑자기 옮길 수도
있다는 말에 박 대리는 잠을 설친다. 성실하게 직장생활을 했는데,

이렇게 앞날을 모르는 불확실성에 노출되었다는 생각에 자괴감이 밀려온다. 다른 지역이나 부서로 발령 날 경우 가족들도 걱정되고, 지난달 새로 매입한 아파트도 어떻게 처리할지 고민된다.

직장인은 곧 조직원이다. 회사는 각자의 경영목표를 가지고 있고 목표 달성을 위한 조직이 구성되어 있다. 조직에 속한 직장인들은 회사의 목표를 위해서라면 언제 어디라도 투입될 각오와 업무를 수행할 역량을 갖춰야 한다. 조직이 원하는 방향에 따라 자신의 위치가 언제든지 바뀔 수도 있다는 숙명을 받아들여야 한다.

하지만 본인의 의지와 관계없이 회사의 목표에 의해 근무지와 업무가 결정되는 일을 좋아할 직장인은 아무도 없다. 그럼에도 거절 의사 한 번 표현하지 못하고 회사의 명령대로 움직이는 것이 직장인의 운명이다. 누군가에게 끌려 다니는 상황을 좋아하는 사람은 없다.

회사라는 거대한 틀 속에서 개인이 선택할 수 있는 운신의 폭은 좁다. 조직의 목표가 우선이기 때문에 개인의 목표는 조직의 목표를 넘어설 순 없다. 회사와 직장인은 한 몸이다. 살면 같이 살고, 죽으면 같이 죽는 운명공동체다. 성장의 한계에 부딪힌 대기업들이 망하는 뉴스도 낯설지 않다. 멀쩡하던 대기업도 문을 닫고 직원을 내보낸다. '대기업 입사=안정된 일자리'라는 공식은 이미 깨진 지 오래다.

지난 수십 년간 고속성장을 등에 업고 만들어진 성과의 과실은 모두 어디로 간 것일까? 더 이상 먹을 과실은 없는 건가? 회사와 종업원은 운명공동체라고 얘기하지만 어려운 상황에 처하게 되면 종업원의 고용이 가장 먼저 위협을 받게 된다. 회사는 경영상황이 나빠지면 회사를 살려야 한다는 명분을 앞세워 구조조정 카드를 꺼낸다. 개인은 조직에서 작은 존재며 개인의 목표는 언제든 조직의 목표에 의해 가려질 수 있다. 조직에서도 수명을 연장시키는 방법은 있다. 철저히 조직에서 나를 버리고 조직을 위해 희생하면 된다. 회사생활과 희생이라는 말은 옛날 고도성장 시대에 어울리던 향수가 밴 단어로 들리기도 한다.

앞날을 예측할 수 없는 환경에 처하면 사람의 불안감은 높아진다는 연구결과가 있다. 보통 상황이라면 내일, 내년에 무슨 일이 어떻게 벌어질지 현재를 기준으로 대략 예측할 수 있다. 큰 그림 속에 나의 모습을 그려가며 미래를 꿈꿀 수 있다. 하지만 당장 내일, 다음 주 내가 어디서 무슨 일을 할지 모르는 상황이라고 가정해보자. 시한이 다가올수록 걱정과 근심에 잠을 이루지 못할 것이다. 게다가 현재 하고 있는 업무도 언제 바뀔지 모르니 일의 완벽성은 당연히 떨어진다.

직장인의 서바이벌 키트 : 능동적인 회사생활, 나만의 필살기, 미래설계도

———

건설사에 다니는 우 대리는 입사 초기부터 의욕적으로 업무 전문성 향상을 위해 노력해왔다. 다른 업종에 비해 연봉도 높고 복지 혜택도 좋은 편이어서 회사에 대한 만족도는 높다. 하지만 입사 후

1년이 지나시부터 고민은 시작되었다. 건설업의 특성상 국내, 해외를 막론하고 어떤 프로젝트에 파견될지 모르는 예측 불확실성 때문이다.

일찍부터 상사의 눈에 띈 우 대리는 동기들보다 해외프로젝트에 먼저 투입되었고, 2년 동안 많은 걸 배우고 한국으로 돌아왔다. 맡은 일은 효율적으로 책임감 있게 처리하던 그는 선배사원들이 늘 같이 일하고 싶어 하는 후배였다. 귀국 후 본사에서 대기 중이던 그는 얼마 지나지 않아 또 다른 해외 프로젝트에 투입해야 된다는 소식을 들었다. 한국에 돌아와서 안정적으로 자기의 생활을 즐기기 위해 기대감에 부풀어 있었는데, 복귀 후 며칠 지나지 않아 팀장으로부터 또 해외파견을 가야 한다는 소식을 듣자 말 그대로 '멘붕'이 왔다.

그때 이후로 우 대리는 진지하게 이 업을 평생 할 수 있을지에 대해 고민했다. 지금은 홀몸으로 해외에서 경력을 쌓고 돈을 벌 수 있지만, 결혼을 하고 자녀가 생기면 예측 불가능한 근무지와 업무에 대해 적응할 수 있을지 자신이 없었다. 하지만 힘들게 들어온 회사를 대책 없이 마냥 그만둘 수는 없었다. 몇 주간 심각하게 고민을 한 뒤 자신이 원하는 삶이 무엇인지, 무엇을 잘할 수 있는지 대략적인 밑그림을 그리고, 퇴사를 실행에 옮겼다. 연봉은 적더라도 최소한의 예측 가능한 삶을 영위할 수 있는 직업을 찾기 위해서다.

몇 년 뒤 우 대리는 회사를 옮겼다. 이전과 다른 소박한 현재의 삶에 만족하며 하루하루 삶에 충실하고 있다. 우 대리가 첫 번째 직장에서 겪은 예측할 수 없는 직장생활은 불안을 안겨준다. 반면 이렇게 예측 불가능한 상황 자체를 즐기는 사람들도 있다. 예측 가능한 상황이 지루하기 때문에, 역동적인 삶을 좋아하는 사람들에겐 어느 정도 불확실한 상황이 잘 맞을 수도 있다.

직장인은 상사의 지시와 회사의 명령에서 자유로울 수 없다. 직장에서 가장 높은 직급인 사장도 시장 이해관계자의 '니즈'에 맞추려면 그들의 목소리를 들어야 한다. 오너가 아닌 이상 누군가의 지시로부터 자유로운 직장인은 없다.

그렇다면 직장인은 누군가의 지시를 받고 직장생활을 할 수밖에 없는가? 직장을 다니는 동안 주체적으로 일을 추진할 수 있는 방법은 없을까? 직장인들은 대부분 회사에서 끌려 다닐 수밖에 없는 상황에 처해 있다. 하지만 직장을 다니며 조금이라도 주체적인 삶을 살고 회사에 끌려 다니지 않기 위해서는 자기만의 생존 서바이벌 키트를 만들어야 한다.

첫 번째, 회사를 잘 사용해야 한다. 회사와 종업원은 갑과 을의 관계로 고용주인 회사가 갑, 사용인인 종업원은 을이다. 철저한 계약관계로 엮어 있기에 회사가 종업원을 사업 목적으로 사용하는 건 당연하다. 회사와 내가 계약관계에 놓여 있지만 회사에 내가 이용당한다는 생각보다, 내가 회사를 사용한다는 생각을 해보자. 관점을 바꿔보자는 얘기다.

직장인은 회사에 출근해 일을 하면서 많은 것을 배울 수 있다.

일을 배울수록 나의 경력은 쌓이고 진문성은 높아진다. 게다가 회사는 나에게 급여까지 지급하고 있다. 회사에 이용당한다는 생각에서 내가 회사를 사용한다는 생각으로 관점을 바꾸면 모든 게 다르게 보인다. 생각과 행동도 능동적으로 변한다. 오히려 회사에서 경력도 쌓고 돈도 받을 수 있으니 회사에 감사한 마음도 생긴다.

회사에서 배우면서 돈도 받는다는 생각으로 마인드가 바뀌면 업무 성과도 달라진다. 어떻게 하면 회사를 사용해서 나의 경험과 역량을 높일 수 있을지 고민하게 된다. 나는 노동을 제공하니 당연히 월급을 받아야 된다고 생각하는 사람과는 차별화가 된다. 더 이상 시간과 돈을 바꾸는 임금노동자라고 여기지 않는다. 회사에서 더 많이 배우기 위해 끊임없이 무언가를 탐구하고 찾게 된다. 시간이 지나면서 자연스럽게 역량은 높아지고 몸값도 올라간다. 중요한 의사결정을 하는 자리에 올라갈 확률도 높아진다.

두 번째는 나만의 필살기를 키우는 것이다. 필살기는 결국 직업과 맥락을 같이한다. 둘 다 일맥상통한다. 직장인은 끊임없이 자신의 대체가능성을 낮추고, 전문적이고 희소가치 높은 일을 해야 한다. 누구나 쉽게, 시간이 지나도 할 수 있는 일을 한다면 언젠가 조직에서 밀려나는 건 시간문제다.

전문성이란 조직에 속하지 않고도 자신만의 전문성을 활용해서 시장에서 수익을 만들어낼 수 있는 능력을 말한다. 전문가란 사회에서 통상적으로 인정하는 변호사, 세무사, 회계사 등의 전문자격증 소지자 이외에 자신의 분야에서 고도로 숙련된 기술과 노하우를 지닌 사람을 말한다. 회사에 속한 직장인들은 자신의 일이 아닌 회사의 일을 하게 된다. 주어진 일만 하다 보면 평범해지고, 내가 하는 일은 누구나 배워서 할 수 있는 일이 된다.

진입장벽이 높고 희소성이 큰 분야에 도전해보자. 회사를 다니면서 자신의 일에서 전문성을 기를 수 있다면 큰 축복이다. 업무를 추진하면서 선문적인 여량도 키울 수 있다면 최고의 경력을 만들 수 있다. 직장에서 전문가가 되면 대접도 달라진다. 전문가로 입지가 굳어지면 자기 전문분야와 관련된 부분에 대한 자문요청도 들어온다. 회사 내에서 입지가 생기고 회사 밖에서도 수익을 만들어낼 수 있는 기회가 생긴다. 자기만의 확고한 전문성을 키우면 외풍에도 흔들리지 않고 묵묵히 앞을 향해 나갈 수 있다. 나만의 전문성을 키워 필살기를 개발해보자.

세 번째는 미래 설계도를 그리는 일이다. 회사에서는 매년 사업계획을 수립한다. 영업이익, 매출 목표 등을 달성하기 위한 전략들, 액션플랜, 담당부서까지 세부적으로 회사가 단기·장기적으로 성장하기 위한 밑그림을 계속 그리고 수정한다. 회사의 생존 문제가 걸려 있기 때문에 모든 구성원들의 아이디어를 모으고, 신중하게 작성한다. 한 해도 빠뜨릴 수 없다. 직장인들에게 회사의 사업계획은 늘 하는 업무라서 익숙하다.

그렇다면 나의 인생 사업계획은 무엇인가? 회사의 사업계획은 매년 작성하면서 정작 나의 미래 사업계획은 고민해본 적이 있는가? 물론 직장에서의 목표와 커리어 계획은 대략적으로 가지고 있을 것이다. 하지만 내 인생 주기를 고려한 사업계획은 없을 것이다. 내면의 목소리에 진심으로 귀를 기울여 내가 추구하는 삶을 살아가기 위해 필요한 직업, 꿈을 이루기 위한 설계도를 만들어야 한다. 방향을 정하는 작업은 그 무엇보다 중요하며, 고민 끝에 만들어진 삶의 방향은 그 어떤 외풍에도 쉽게 흔들리지 않는다. 미래의 설계도를 작성해보며 스스로를 되돌아볼 수 있고 반성할 수 있다.

스스로 수익을 창출하면서도 하고 싶은 걸 할 수 있는 직업을 찾는 것은 중요한 일이다. 그런 일이라면 아침이 상쾌하며 출근이 기다려질지 모른다. 무엇보다 주체적인 삶을 영위하는 데서 오는 기쁨은 자존감을 높여준다. 누군가에 의해 끌려 다니는 인생보다 자신의 의지로 일을 만들어 추진하는 기쁨은 직접 해본 사람만이 느낄 수 있는 권리다.

지금 당장 세 가지 서바이벌 키트부터 만들고 실행해보자.

03

직장인 '나'의 유통기한은 어제일까

성공한 사람이 되려 하기보다 가치 있는 사람이
되려고 노력하라. _앨버트 아인슈타인

기업이 보는 사원의 가치

—

직장인에게 연봉은 1순위 관심사다. 연봉은 직장인이 회사에게 노동력과 시간을 제공한 대가다. 회사에서 자신의 위치를 말해주는 객관적인 지표이자 몸값이다.

김 대리는 편한 대학친구들과의 술자리에 오랜만에 나갔다. 친구들은 다니고 있는 회사에 대해 이야기했다. 경기불황에도 선방했다는 이야기, 상사의 압박에 그만두고 싶다는 이야기, 변호사가 되기 위해 로스쿨을 가고 싶다는 이야기. 밤이 깊어가는 줄 모르고 술자리가 이어졌다. 대화는 자연스럽게 연봉 얘기로 흘러갔다. 친구들은 대부분 직장생활 경력이 길지 않고, 규모가 비슷해서 연봉은 별반 차이가 없었다. 다만 독특한 경로로 커리어를 쌓은 박 대리는 다른 친구들에 비해 연봉이 훨씬 높았다.

박 대리는 2~3군데 회사를 옮기면서 자신만의 전문성 있는 일을 해야겠다고 결심하고 향후 10년 이내 유망한 분야를 조사했다. 고심 끝에 항공기 조종사 수요가 커질 전망이라는 자료를 보고, 처자식이 딸린 몸이었지만 항공사 조종 자격증을 취득하기 위해 미국으로 떠났다.

2년이 지난 지금 그는 또래 친구들과 다른 삶을 살고 있다. 연봉은 또래와 비교되지 않을 정도로 높다. 기존 연봉 대비 2배 이상 높아졌다. 2년 전 한국을 떠날 때 박 대리를 걱정했던 친구들은 이제 그를 부러워한다. 전문성, 고연봉, 안정성을 토대로 여유 있는 삶을 보내는 모습은 평범한 직장인에게 동경의 대상이 되기에 충분했다.

직장인의 가치는 어떻게 평가될까? 변호사, 회계사, 세무사 등 '8대 전문직'으로 일컬어지는 전문직을 제외하고 평범한 직장인의 가치를 측정하기 쉬운 지표인 연봉과 연결해보자.

왜 A 과장은 연봉 3천만 원, B 대리는 연봉 5천만 원, C 차장은 연봉 7천만 원을 받는 것일까? 처음 회사를 입사한다는 가정 하에 대한민국에서 연봉이 결정되는 첫 번째 관문은 회사의 규모다. 회사의 규모에 따른 처우(연봉, 복지)가 이미 정해져 있다. 비슷한 직무일지라도 회사의 규모에 따라 연봉 차이가 2배 이상 나는 것도 이런 구조 때문이다. 한국사회에서는 어떤 일을 하느냐보다는 어디서 일하느냐가 연봉을 결정하는 중요한 요소가 된다. 처음부터 발생한 연봉의 차이는 회사를 변경하지 않는 한 줄어들지 않는다.

회사 내에서 사원의 가치는 어떻게 평가될까? 회사가 같으면 연봉은 비슷하다. 기업들은 대부분 직원이 지닌 가치와 역량을 토대로 인사평가를 진행한다. 평가 등급에 따라 연봉 상승률을 적용한다. 인사평가는 상사에 의해 결정된다. 곧 상사가 나의 가치를 평가하는 시스템이다.(상사는 개개인별 차이가 있는 역량과 스킬에 대해 정확히 파악하고 있으며, 공정하게 평가하고 있다고 가정한다.)

시간이 지나면 사원의 가치는 어떻게 변할까? 연차가 높아지고 경력이 쌓이면서 연봉이 높아질까? 어느 수준까지 갈 수 있을까? 회사별 경영현황 자료를 보면 해답을 얻을 수 있다. 통상적인 회사의 경우 신입사원의 연봉은 매우 낮게 책정되어 있다. 회사 입장에서 볼 때 신입사원은 성장가능성이 높을 뿐이지, 실무능력이 높은 건 아니다.

기업들은 대학 졸업 후 입사한 후에도 별도의 재교육을 진행한다. 나이가 30대 중후반으로 넘어가면서 실무능력이 정점에 올라 대리, 과장을 거친다. 40대 중반이 되면서부터 전형적인 관리직으로 전환되며 직장 내에서 가장 많은 일을 도맡아 한다. 운 좋게 50대까지 버틴 이들 앞에는 무엇이 있나. 20년 이상 근무하며 회사의 터줏대감이 된 50대는 단연 퇴출 대상 1순위다.

회사가 구조조정을 하면서 내세우는 기준은 무엇일까? 첫 번째가 근무연차다. 오랜 근무를 통해 경력과 연륜이 있는 관리자들을 구조조정 대상으로 먼저 검토한다. 근속연수는 회사의 지출비용과 직결되기 때문이다. 물론 신입사원노 뇌줄 대상에 올리는 경우도 있긴 하다.

회사 밖을 살펴보자. 이직시장에서 가장 몸값을 올리기 좋고, 인기가 높은 직급은 대리, 과장이다. 일을 할 때 나이를 중요시 생각하는 한국인의 정서상 부장급 이상의 높은 직급은 이직시장에서 주가를 높이기 힘들다. 몇 가지 사례를 볼 때 직장인의 가치는 대리, 과장을 거쳐 정점을 찍고, 부장이 되면서 떨어진다. 부장 직급에서 인정받아 임원으로 승진하는 경우는 극소수다.

회사 외부에서도 통할 수 있는 자신만의 무기를 갖춰라

인적자원 관리 분야의 세계적인 권위자인 린다 그래튼(Lynda Gratton)은 《일의 미래》에서 1980년대와 1990년대의 직장생활 모습에 대해서 이렇게 묘사했다.

"20대에 회사에 들어가 30대 초반에 중간관리자 자리에 오르기 위해 열심히 일한다. 성과가 좋으면 월급과 회사 내 직급이 올라가고, 50대가 되면 소득 창출력이 정점에 이른다. 그러다 60대 초가 되면 모든 것이 끝나고 은퇴하게 된다. 이것이 '전통적인' 경력곡선이다. 20대 이후부터 일의 자원과 에너지가 꾸준히 쌓이다 60대에 완전히 멈춰 힘과 권위의 정점에서 추락하게 되는 것이다. 미래에는 이런 전통적 경력곡선이 선택지에 포함돼 있지 않다."

회사의 직함에 부장이라는 단어를 살펴보자. 영어로 'General

Manager'라고 사전에 나와 있다. 한글로 번역하면 일반적인 관리자 정도로 해석된다. 뚜렷한 주특기는 없지만 회사 일을 효율적으로 관리하고 조직을 운영하는 능력을 지닌 사람으로 이해하면 된다. 회사가 평생 일자리를 보장해주는 시대에는 회사 내에서 부장은 선망의 대상이었다. 린다 그래튼은 평생 일자리 개념이 없어진 현재 일반관리자들이 기른 능력과 네트워크는 자신이 일하는 회사 내에서만 한정되어 있기 때문에 회사 밖에서는 가치를 발휘하기 어렵다고 말한다.

　나 자신이 하는 일이 조직에 어떤 가치를 제공하며, 시장에서는 어떻게 평가되는지 냉정하게 생각해보자.

　임 대리는 매월 발생되는 성과지표의 결과를 집계해서 보고서를 작성한다. 발생 원인별로 추적하고 통계 수치를 뽑아낸다. 계획 대비 실적을 분석해서 향후 액션플랜에 반영한다. 조직, 개인별 성과를 분석해서 다음번 업무에 반영할 수 있도록 독려한다.

　처음 업무를 시작할 때는 용어부터 자료수집, 의미파악 등 시간이 많이 걸렸다. 야근도 많이 하고 주변에 조언도 많이 구했다. 하지만 시간이 지나면서 물어보는 횟수도 줄어들고 결과물을 완성하는 시간도 현저히 줄어들었다. 어느 정도 숙련도가 올라갈 때쯤 생산성은 매우 높아졌다. 업무 숙련도가 높아졌다는 것은 그만큼 익숙해졌다는 의미다.

　익숙해진 것과 전문성이 있다는 것의 상관관계가 있을까? 임 대리는 자신이 하는 일은 직급에 상관없이 누구나 관심을 가지고 열

쉽게 매너리즘에 빠질 수 있는 것이 직장생활이다. 회사나 상사가 아닌 나를 위한 기준으로 업무를 따져보고, 나만의 무기를 개발하라. '장점'과 '능력'은 그러한 노력에서 생겨난다.

심히 하면 어느 수준까지는 할 수 있을 거라고 생각한다. 말 그대로 일반적인 일이기 때문이다. 익숙해진 일은 쉽게 매너리즘을 불러온다. 때가 되면 기계적으로 해내는 일들은 자신이 아니라도 누구나 할 수 있다. 전문성에 대한 갈증은 날이 갈수록 커진다. 임 대리는 자신이 하고 있는 일들 중 단순히 숙련도를 요구하는 일이 아니라, 전문성을 높이고 깊게 파고들 수 있는 일이 무엇인지 연구했다. 결론적으로 전문성을 확보하는 일이 숙련도를 높이는 것보다 자신의 경쟁력을 높여준다는 점을 깨달았다.

자신만의 차별화 전략을 염두에 두지 않고 일을 하면 다음과 같은 현상이 벌어진다. 첫 번째, 익숙해진 일만 하다 보면 쉽게 매너리즘이 찾아온다. 두 번째, 자신의 전문성과는 크게 관련 없는 업무에 상사가 지시한 업무라는 이유 하나만으로 모든 걸 쏟아 붓는다. 이런 패턴으로 연차가 쌓이면 남는 게 없다. 자신이 무슨 일을 할 수 있을지 곰곰이 생각해보면 할 수 있는 일이 아무것도 없게 된다.

자신에게 요구된 일을 충실히 수행했다면 주변에서 일 잘한다는 소리는 들을 수 있다. 하지만 전문성이 있다는 이야기를 듣기는 힘들 것이다. 이 지점에서 일반 직장인들은 오류에 빠진다. 수십 년간 상사가 지시한 업무를 성실히 이행했는데 '왜 나만의 전문성은 왜 없는 걸까?' 하고 말이다.(상사가 지시한 업무가 직원의 전문성을 높이는 방향과 일치하는 경우는 제외다.) 상사가 지시한 업무만 하면서 만족감을 느낄 때마다 직장인은 더욱더 상사에게 길들게 된다.

시간이 지날수록 상사에 대한 의존도는 계속 높아신나. 모든 업무의 기준이 조직과 내가 아니라 상사가 기준이 되고 만다.

대학을 힘들게 졸업하고, 바늘 같은 취업난을 거쳐 직장에 들어간다. 살벌한 사내 경쟁을 뚫고 승승장구하는 것처럼 보이지만 40대 후반~50대 초반 직장인은 회사를 떠나게 된다.

직장인들은 짧은 유통기한 내에 자신의 가치를 높일 수 있는 방법을 연구하고 실행해야 한다. 조직에 기대어 주어진 일만 하며 살 것인지 자신의 숨은 잠재력을 발견할 것인지 진지하게 고민해야 한다. 평범한 직장인들은 회사 내부가 아닌, 회사 밖에서도 통할 수 있는 자신만의 무기 개발을 통해 생존할 수 있는 능력을 키워보기를 권한다.

04

콘텐츠 생산능력을
키워라

성공은 그 사람의 위치로 평가되지 않는다. 성
공하기 위해 노력하는 동안 얼마나 많은 장애
물을 극복했는가로 평가된다. _부커 워싱턴

21세기 사회, 사람들은 늘 콘텐츠에 목마르다

공장의 제조경쟁력 향상을 위해 시작된 회사의 생산혁신 프로
젝트는 조직의 체질을 변화시키기 위해 3가지 축, 즉 프로세스
(Process), 시스템(system), 사람(People)을 중심으로 시작되었다.
앞으로 진행될 혁신활동에 대해 구성원들의 동참을 이끌어내는 작
업은 계획수립 이상으로 중요했다. 어떻게 하면 구성원들에게 혁
신활동에 대해 홍보할 수 있을지 나를 비롯한 모든 팀원이 고민
했다.

몇 번의 회의를 거쳐서 혁신에 관련된 뉴스를 일주일에 하나씩
만들어서 전 임직원에게 배포하기로 결정했다. 우리 팀은 이메일

과 출력물 배포를 통해 혁신에 대한 관심을 확산시키기로 했다. 일주일 동안 추진했던 중점 업무와 임직원들에게 유익한 내용들로 구성해서 배포했다. 새로운 콘텐츠를 매주 만들어서 전 임직원에게 전달하는 작업은 쉽지 않았고, 콘텐츠를 결정하는 일도 만만치 않았다. 일관된 메시지를 담기 위해서는 구체적인 밑그림이 필요했다. 처음 발행되는 뉴스레터에는 혁신을 해야 하는 이유를 담았다. 첫 뉴스레터를 발송하자 여러 채널에서 반응이 왔다.

"새로운 소식을 많이 공유해주세요."

"또 혁신인가?"

"이번엔 제대로 혁신하자."

"현장의 목소리가 반영된 혁신이 되었으면 좋겠습니다."

격려와 질책이 섞인 반응이었지만 우리 팀은 긍정적으로 받아들였다. 무관심이 더 무섭지 않은가! 계속해서 뉴스레터를 보내자 시간이 지날수록 반응은 좋았다. 단 한 사원에게라도 뉴스레터가 도움을 줄 수 있다면 그것만으로도 보람 있는 일이라 생각하며 힘을 냈다.

직장 내에서도 나의 업무결과(콘텐츠)를 받아서 사용하는 사람들이 있다. 회사를 떠나 회사 밖에서도 내가 제공할 수 있는 가치는 무엇일까? 쉽게 생각해서 당신이 생산해낼 수 있는 정보나 콘텐츠, 결과물은 무엇인가? 우리는 아침에 일어나자마자 다른 사람이 만들어놓은 수많은 콘텐츠를 검색하고 소비한다. 유료 콘텐츠에서 무료 콘텐츠까지 콘텐츠 시대다.

콘텐츠라는 말은 일부 업계뿐 아니라 다양한 분야에서 사용되고 있다. 콘텐츠는 생산, 소비되는 모든 것을 의미한다. 매일같이 쏟아지는 수많은 신문기사들와 유튜브에 올라오는 영상, 음성자료 모두가 콘텐츠다.

직장에서 콘텐츠의 의미는 무엇일까? 업무와 연관해서 생각하면 된다. CEO가 회사의 경영현황을 임직원에게 설명하기 위해 만든 자료, 재무팀에서 만들어내는 손익보고서, 마케팅팀에서 만든 업계동향자료, 품질팀에서 만든 품질개선결과 보고서 등이 직장에서 생산되는 콘텐츠의 예다. 직장에서 나는 어떤 콘텐츠를 만들 수 있는지 생각해보자.

공작기계 제조혁신을 담당하는 생산혁신팀은 기계조립작업 공정의 생산성을 높이기 위한 방법을 고민했다. 기계를 조립할 때 사용하는 공구부터 설계변경이 필요한 부품, 공정개선 등 다양한 관점으로 현장의 개선포인트를 찾아나갔다.

여러 가지 아이디어를 검토하면서 기계기술자가 전기작업도 같이 할 수 있는 작업환경을 만들면 좋겠다는 데에 의견을 모았다. 전달 교육만으로는 작업 숙련도를 높이기엔 어려움이 있기에 기계기술자들이 볼 수 있는 전기 작업 매뉴얼을 작성하기로 했다. 전자문서 또는 인쇄출력물 형태로 매뉴얼을 만들어 배포하면 작업 도중 궁금하거나 모르는 부분이 나오면 자료를 찾아가면서 작업을 할 수 있을 것이라 판단했다.

전기작업에 능통한 전문가들과 인터뷰를 통해 사전자료를 꼼꼼하게 작성했다. 이를 바탕으로 초보자가 작업해도 간단하게 따라 할 수 있는 매뉴얼을 만들었다. 기계기술자들을 대상으로 설명회를 실시하고 팀에서 만든 매뉴얼을 배포했다. 기계기술자들의 반응은 긍정적이었다. 쉽고 접근하기 편해서 작업하는 데 많은 도움이 된다는 피드백도 받았다. 간단한 매뉴얼 작업이었지만 기대 이상의 긍정적인 반응에 생산혁신팀은 힘을 얻었다.

자신만의 콘텐츠를 생산하라

—

인맥이나 학벌 없이 일본에서 성공한 사업가인 호리에 다카후미는 《부자가 될 방법은 있는데 넌 부자가 돼서 뭐하게?》에서 콘텐츠에 대해 이렇게 말한다.

"나는 감옥에 들어가서도 콘텐츠를 개발하기 위해 고민했다. 감옥에서 유료로 이메일을 발행했다. 비즈니스와 창업에 대한 유료 이메일은 1만 명 이상의 사람들이 매월 구독했고, 나는 감옥에서도 콘텐츠를 생산한 덕분에 수익을 만들어낼 수 있었다."

평범한 직장생활을 하다가 자신이 좋아하는 분야를 발견하고 콘텐츠 제작자로 나선 국동원, 이혜강 부부. '말이야와 친구들'이라는 유튜브 채널을 만들어 콘텐츠를 제작·유통하여 현재는 직장생활보다 훨씬 높은 수입을 올리고 있다. 누구도 관심을 두지 않던 어린이놀이 관련 분야에서 자신만의 콘텐츠를 제작했기 때문에 가능한 일이었다.

생산혁신팀이 만든 뉴스레터, 매뉴얼, 호리에 다카후미가 만든 유료 이메일, 유튜브에 올라온 '말이야와 친구들' 모두가 생산된 콘텐츠다. 생산자가 있고 이를 소비하는 사용자가 있다. 콘텐츠의 질과 성격에 따라 지불되는 가격도 천차만별이다. 콘텐츠를 사용하는 소비자가 많고 관심 있는 계층이 넓을수록 콘텐츠 생산을 통한 판매수익은 올라간다.

직장인은 자신의 분야에서 전문성 있는 콘텐츠를 생산할 수 있어야 한다. 업무와 관련된 콘텐츠 생산은 다른 사람들과 차별화되는 중요한 능력이다. 콘텐츠 생산능력은 수익을 창출할 수 있는 중요한 역량이다. 내가 일하는 분야에서부터 콘텐츠 생산을 염두에 두고 일을 하면 의외의 아이디어를 모을 수 있을지 모른다.

직장에서 일 잘하는 사람들을 관찰해보라. 중간에 관리하고 조율하는 업무를 제외하고, 인재라 불리는 사람들은 자신만의 가치관과 지식을 담은 콘텐츠 생산 능력을 분명히 가지고 있다. 그렇게 생산된 콘텐츠를 소비하는 사람은 그의 직속상사와 구성원들이다. 전문성이 더해진 콘텐츠를 통해 상사로부터 좋은 평가를 받고 동료들로부터 인정받는 건 당연한 결과다. 직장인이 자신만의 콘텐츠를 만들어 유통하면 다음과 같이 좋은 점이 있다.

- 콘텐츠를 통해 나를 알릴 수 있다(Announce).
- 콘텐츠를 생산하면 지식과 생각을 정리할 수 있다(Summary).
- 수익을 올릴 수 있다(Profit).
- 전문분야를 만들 수 있다(Speciality).

- 생각을 체계적으로 표현하는 능력을 기를 수 있다(Express).
- 전문가로 브랜딩 할 수 있다(Brand).

콘텐츠는 아주 작은 분야에서부터 시작할 수 있다. 예를 들어 '요리'라는 분야를 보자. 요리를 통해 나오는 음식도 콘텐츠다. 요리를 하는 장면을 영상으로 만들어도 콘텐츠다(영상). 요리하는 방법을 정리한 레시피도 콘텐츠다(레시피). 요리에 들어간 재료구입 경로를 정리한 자료도 콘텐츠다(유통). 자신이 잘하고 좋아하는 분야를 선정하고 콘텐츠를 생산하면 된다. 직장인이 쉽게 시작하기 위해서는 자신이 하는 일에서부터 콘텐츠를 만들면 된다.

콘텐츠를 소비하는 직장인에서 생산하는 직장인으로 관점을 바꿔라. PC에 저장된 훌륭한 보고서들을 열어보고 누가 왜 만들었는지 고민해보자. 그동안 직장에서 나는 콘텐츠 생산자였는지, 콘텐츠 소비자였는지 돌이켜보라. 내가 생산할 수 있는 콘텐츠는 무엇일까? 내가 하는 작은 일에서부터 찾아보자.

05

4차방정식으로 찾아보는 일의 가치와 '나'의 성장

> 인생의 목적은 이기는 것이 아니다. 성장하고 나누는 것이다. _헤롤드 쿠시너

성과를 낸다는 것, 성장한다는 것의 진짜 의미

매일매일 쏟아지는 일을 하다 보면 어느새 점심시간, 돌아서고 나면 퇴근시간이다. 오늘 하루 무슨 일을 했는지 돌아보면 남는 것이 없다. 일을 하면서 우리는 성장하고 있는 것일까? 숙련도가 높아져도 내가 성장하고 있는지 의문스럽다. 바쁘게 돌아가는 직장에서 한 번쯤 스스로에게 다음과 같은 질문을 던지고 자신을 점검해보자.

- 일을 하면서 나는 성장하고 있는가?
- 내가 하는 일의 성과는 무엇인가?

- 일의 결과물을 가져가는 고객은 누구인가?
- 나는 조직에 어떻게 기여하고 있는가?

한 대리의 업무 중에는 반복적이면서 지속적으로 해야 되는 일들이 있다. 어제도, 오늘도 업무를 처리하는 방법은 크게 다르지 않다. 한 대리의 주요 업무는 공장의 제품이 잘 만들어질 수 있게 적기에 부품이 투입되도록 관리하는 일이다. 한 대리가 꼼꼼하게 관리를 잘하면 문제는 최소화된다.

한 대리의 업무를 어떻게 평가할 수 있을까? 속된 말로 잘해야 본전, 못하면 쪽박이다. 즉 하루하루 발생하는 반복적인 일을 잘 처리하면 문제는 없지만 업무처리 과정에서 놓치는 부분이 생기면 관련 부서에서 바로 연락이 온다. 문제발생 이유부터 대책까지 추궁 받는다. 한 대리의 업무는 일정 수준 이상 관리능력만 올라가면 누구나 할 수 있는 일이다. 시간이 지나서 현상 유지를 위한 관리 단계에 도달하면 자신이 학습하지 않는 이상 새롭게 습득하는 지식과 노하우는 줄어든다.

성과를 낸다는 표현을 좀 더 구체적인 예를 통해 살펴보자. 성과 창출은 기존에 복잡하게 꼬여 있는 이슈에 대해 연구와 개선을 통해 문제해결까지 완료해서 회사의 수익증대에 기여했을 때 쓰는 표현이다.

- 경기침체기에 신규 고객사를 발굴하여 수주

- 직원들이 불편을 느끼는 프로세스 개선을 통한 낭비 제거
- 시장과 고객의 니즈를 반영한 신기종 개발
- 원재료 공급 업체 발굴
- 생산성 향상
- 제조원가 절감

부서와 업무의 성격에 따라서 성과를 낼 수 있는 일의 종류가 다르다. 앞서 나온 한 대리 업무의 경우 성과를 내기 쉬운 일은 아니다. 일정기간의 숙련도가 올라가면 현상 유지만으로 이슈가 발생하지 않기 때문이다. 하지만 조직에 없어서는 안 되는 일이다. 즉 조직 발전에는 기여하고 있지만 개인의 성장에는 크게 도움이 되는 일은 아닌 셈이다.

생산혁신팀의 미션은 공장의 제조경쟁력을 높이는 일이다. 제대로 된 제품을 적정 시간 내에 만들어낼 수 있도록 공장 환경을 구축하는 일이다. 기계 1대를 만들 때 소요되는 총 시간을 리드타임(Lead time), 단위공정작업의 총 시간을 표준시간(Standard time)이라고 한다. 기계 1대당 표준시간은 전체 생산 리드타임을 설계하고 단축하는 데 중요한 기준이다.

김 과장은 표준시간 개선파트를 담당하고 있다. 표준시간의 개념을 재정립하고 현 수준 진단을 통해 생산리드타임을 단축하는 목표를 가지고 있다. 김 과장은 일을 시작하면서 표준시간에 대한 학문적 의미와 사례를 학습한다. 산업공학에서 이야기하는 표준시간의 의미, 책에서 이야기하는 표준시간, 실제 공장에서 사용되는

표준시간의 의미를 비교했다. 기계 1대당 표순시간 산출을 위해 작업공정 분석, 기술자 인터뷰, 공정별 작업 정의, 표준시간 산출원칙에 대해 기준을 만들고 이해관계자들에게 설명회를 실시했다.

현장의 다양한 목소리를 듣고 하나의 기준을 만들어내는 일은 쉽지 않았다. 논리를 제대로 만들기 위해 관련 자료를 보고, 학습할 수밖에 없었다. 어떤 질문에도 흔들리지 않는 탄탄한 논리가 필요했다. 학습과 고민을 통해 표준시간 기준정립, 생산성 향상, 이해관계자 커뮤니케이션 부문에서 소기의 성과를 달성했다.

김 과장은 이번 과제를 통해 많이 성장했다. 모르는 부분을 스스로 학습하고 이해관계자와 회사의 운영방향을 조율해서 목표를 달성하는 과정을 이끌었다. 김 과장의 사례와 같이 회사도, 개인도 발전할 수 있는 일이 있다. 좋은 인사평가를 받기 위해서만 일을 하는 것은 아닐지라도 기왕이면 본인이 하는 일이 상사로부터 좋은 평가를 받는다면 또 다른 동기부여가 된다. 단 한 번의 긍정적인 동기부여가 후속업무와 연결되어 선순환으로 이어지기 때문에 평가를 잘 받으면 여러 모로 좋다. 지금 하고 있는 일에서 조직의 발전에 더욱 기여할 수 있는 일이 무엇인지 찾아서 적극적으로 해결하라.

회사도 성장하고 나도 성장할 수 있는 일을 찾아라

직장에서 담당하고 있는 일을 다음 페이지에 있는 '조직과 개인

성장 매트릭스'에 넣어보자. 매트릭스에 당신이 하는 일을 매칭해
보면 한눈에 어떤 일을 찾아야 하고, 어떤 일을 줄여야 하는지 알
수 있다. 현상을 유지하는 일보다 현재의 상황을 뛰어넘어 어제보
다 나은 결과를 내기 위해 집중하라. 현상을 유지하는 일과 기본적
으로 해야 되는 일은 제외다. 숙련도만 조금 올라가면 누구든지 할
수 있는 일은 별다른 가치가 없기 때문이다. 곰곰이 생각해보면 일
의 분류는 어렵지 않다.

조직과 개인성장 매트릭스

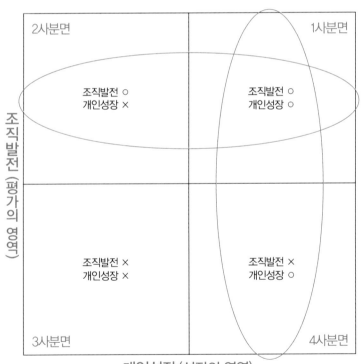

만약 지금 하고 있는 일이 1사분면에 많이 속해 있다면 조직과 당신의 성장은 같이 움직이는 것이다. 여기에 속한 일들은 어떻게 하면 성과를 달성할 수 있을지 고민하고 실행하기만 하면 된다. 1사분면의 일이 성공되면 조직과 개인의 성장, 동료들의 인정이 같이 찾아온다.

반면 3사분면에 속한 일들은 조직과 개인의 성장에 모두 도움이 안 되는 일이다. 직장인이라면 누구나 3사분면에 속한 일들을 하고 있다. 빠른 시간 안에 3사분면에 속한 일들을 찾아내고 없애야 한다. 당신이 일하는 시간이 얼마나 투입되는지 관찰하라. 중요한 일에 집중하고 비본질적인 일들은 없애거나 다른 사람에게 위임하라. 객관적인 시각으로 자신이 하고 있는 일을 리스트업 하고 매트릭스에 놓아보자. 각 사분면에 속한 일들을 찾기란 어렵지 않다.

1사분면과 2사분면에 속한 일들은 조직 발전에 도움이 되는 일들이다. 조직 발전에 도움이 되는 일들은 동료들도 지켜보고 있기에 조금만 성과가 나와도 눈에 띌 수밖에 없다. 상사는 당신이 어떤 일을 하고 있는지 얘기하지 않아도 이미 알고 있다. 상사는 풍부한 현장경험과 날카로운 통찰을 가지고 당신이 보고하지 않아도 당신이 하는 일을 알 수 있다.

4사분면에 속한 일은 당장 조직발전에 도움이 되지 않지만 개인은 성장할 수 있는 일이다. 개인이 성장한다면 언젠가 조직에 활용할 수 있기 때문에 전체적으로는 조직과 개인의 성장에 긍정적인 영향을 줄 수 있다.

직장을 다니는 동안 직장인은 인사평가를 피할 수 없다. 인사평가를 하는 당신의 상사는 조직생활에서 산전수전을 겪고, 고군분투하여 회사로부터 공식적으로 권한과 책임을 위임 받은 사람이다.(물론 당신이 개인적으로 인정하기 싫은 상사도 있겠지만 논외로 두자.)

상사는 어떤 관점으로 인사평가를 할까? 회사에서의 공식적인 평가과정은 다음과 같다.

"회사가 설계한 인사평가 프로세스와 별도의 객관적인 검증을 통해 조직발전에 기여한 직원에게 높은 점수를 부여한다."

다시 매트릭스로 돌아가자. 어느 사분면의 일을 해야 높은 인사평가를 받을 수 있을지 생각해보라. 간단하게 답을 찾을 수 있다. 바로 1사분면과 2사분면이다. 이 두 가지 영역의 일을 한다면 높은 인사평가를 받을 확률을 높일 수 있다. 아니 당연히 좋은 평가를 받아야 한다.

'나는 일도 많고 능숙하게 매일 해내고 있는데 왜 좋은 평가를 받지 못할까' 하는 의문이 든다면 매트릭스를 놓고 다시 고민하길 바란다. 내가 속한 조직의 일이 3사분면에 몰려 있을 수도 있다. 영역별로 일이 정해질 수도 있지만, 자신이 일을 만들어나갈 수도 있다.

현재 하고 있는 일을 다른 관점으로 바라보고, 조직이 해결해야 할 당면과제가 무엇인지 거시적 관점으로 분석해보자. 조직 속에서 기회는 얼마든지 만들어나갈 수 있다. 의지와 생각의 차이다. 이왕 하는 일이라면 3사분면에 가까운 일을 하는 게 좋지 않을까?

내가 하는 일이 조직과 개인의 성장에 어떤 영향을 미치는지 매트릭스를 통해 확인하고, 조직과 개인의 성장에 도움이 되는 일을 찾아라. 일이 없다면 만들어라. 일을 바라보는 시각을 새롭게 하라. 일의 종류에 따라 가치를 평가하자는 이야기는 아니다.

회사의 인사평가, 일의 종류와 기여도 사이의 연관관계가 정리된 매트릭스를 통해 어떤 일에 집중할 때 높은 인사평가를 받을 수 있는지 스스로 점검하라. 당신은 지금 어떤 종류의 일을 하고 있는가? 어떤 일을 해야 조직과 개인의 성장에 도움을 줄 수 있을지 가장 잘 아는 사람은 당신이다. 지금부터 그 일을 실행하면 된다.

06

직장에서 커리어 개발에 올인하라

> 기술은 마르지 않는 금광이다.
> _독일 속담

'나' 라는 빙산의 수면 아래에는 무엇이 있는가?

오늘도 무거운 몸을 이끌고 최 대리는 회사로 출근한다. 오랜만에 만난 대학동창들과의 과음으로 아직도 숙취가 남아 있다. 머리는 아프고, 몸은 천근만근이다. 억지로 몸을 이끌고 사무실에 겨우 도착했다.

중요한 보고가 있는 날인데 도착하자마자 보고할 생각에 걱정이 앞선다. 어제 퇴근 전 부장에게 보고한 자료 수정도 아직 끝나지 않았다. 맑은 정신으로 집중해도 힘든 작업인데, 컨디션이 엉망인 상태에서 수정할 생각을 하니 한숨부터 나온다. 심호흡을 크게 하고 흡연장으로 향했다. 유일하게 한숨 돌릴 수 있는 편안한 곳은 흡연장이 최고기. 다른 팀 황과상노 보인다. 전날 야근했는지 얼굴이 초췌하다.

흡연장 동지들은 담배 피우는 타이밍도 비슷하다. 굳이 말하지 않아도 전날 무슨 일이 있었는지 표정만 봐도 짐작이 된다. 내일은 금요일, 오늘 하루만 어떻게든 잘 넘기면 '불금'이다. 오늘 하루 시간이 빨리 갔으면 좋겠다. 잠깐의 휴식을 마치고 다시 사무실에 들어간다.

이메일을 열어 보니 역시나 부장이 보낸 답장이 도착했다. 이메일 보기가 두렵다. 얼마나 많은 곳을 뜯어 고쳐야 할지 모른다. 최 대리가 할 수 있는 부분만 대충 고치고 보고서가 마무리되면 좋겠다. 어차피 발표는 부장이 한다. 그동안 쌓은 경륜으로 노련하게 발표할 거라 믿는다. 점심은 숙취 해소 겸 짬뽕을 먹고 싶다. 이제 오전 10시. 2시간만 버티면 된다. 오후도 적당히 버티다 오늘 하루를 마무리할 생각이다.

2016년 통계에 따르면 근로소득자 수는 약 1,600만 명이다. 직장생활을 통해 생산가능 인구의 대다수가 생계를 유지하고 있다. 위에 언급된 최 대리와 같이 하루하루 버티는 직장생활을 하는 좀비 직장인도 상당수다. 하지만 출근을 기다리며 매일매일 업무를 통해 성장의 기쁨을 느끼는 직장인도 있다. 개인의 선택에 따라 직장의 의미는 달라진다. 단지 생계유지 수단으로, 업무를 배우면서 성장하는 공간으로, 인맥을 쌓고 사업을 위한 수단으로, 이직을 위한 중간정거장으로 등 그 이유는 다양하다. 직장인이라는 단어에서 몇 가지 단어를 떠올릴 수 있다.

옆 페이지에 있는 빙산의 그림을 보자. 수면 위의 빙산에서 쉽게 볼 수 있는 몇 가지가 있다. 연봉, 직급, 회사명, 4대 보험, 성과급, 월급 등은 쉽게 떠올릴 수 있으며 우리 눈에도 잘 보인다. 빙산의 아래에는 무엇이 있을까? 직장인의 커리어, 경험, 노하우가 있다. 몇 년간 쌓아온 자신만의 경험과 커리어가 숨어 있다.

우리는 가치 있는 경험과 커리어가 스스로에게 매장되어 있다는 사실을 잊고 있다. 회사에 단순히 자신의 노동력을 제공하고 월급을 받고 일을 하는 것은 1차원적인 접근이다. 좀 더 다른 관점에서 보면 회사에서 일을 하면서 월급도 받고 업무분야에 대한 지식도 쌓고 커리어도 키울 수 있다. 이것은 2차원적 접근이다. 아무것도 모르는 신입사원으로 입사해서 월급도 받고, 기술도 배우고, 업무역량도 키울 수 있다는 생각을 해야 한다.

눈에 보이지 않는 경험과 커리어 영역의 가치를 발견해야 한다. 월급이 끊기는 순간이 와도 직장에서 쌓아놓은 자신의 커리어는 제2의 인생을 열어줄 발판이 된다. 회사에 따라 급여가 결정되는 현재의 한국 회사들도 커리어와 직무에 따른 보상체계로 점점 변해가고 있다. 당신이 하는 일의 가치는 조직으로 들어온 순간 평가 대상에서 밀려난다. 앞으로는 직무 중심으로 시장에서 가치평가가 이루어지기 때문에 한 분야의 전문가, 프로젝트 경험 등이 중시된다.

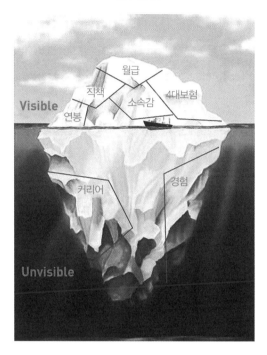

직장 빙신

직장은 커리어를 쌓고 전문성을 높일 수 있는 보물창고

—

박 과장은 신입사원 때부터 인사팀에서만 일했다. 사람과 관련된 일이자 회사와 직원에게 도움이 되는 일이라는 신념을 가지고 인사팀에서 커리어를 쌓았다. 보수적인 인사팀에서 처음 적응하기는 쉽지 않았다. 회사 내에서도 많은 직원들이 예의 주시하고 관심을 가지는 부서 중 하나였기 때문에 말과 행동을 조심해야 했다.

엄격하지만 유능한 선배 밑에서 혹독하게 일을 배웠다. 배우는 과정은 힘들었지만 성장의 욕구만큼 일을 배워가는 재미를 느꼈다. 숙련도가 높아지면서 복잡하고, 어려운 일을 맡기 시작했다. 인사팀 업무는 크게 HRM(Human Resource Management), HRD(Human Resource Development) 업무로 나뉘는데, 박 과장은 양쪽 분야 모두를 접할 수 있는 기회가 있었다.

3년차가 지나면서 일에 자신감이 붙었다. 그동안 다양한 경우를 접하면서 생긴 문제해결능력과 틈틈이 쌓아놓은 이론적 지식이 만나면서 전문성도 높아졌다. 해외법인 이슈도 스스로 해결할 정도가 되었다. 해외법인 커뮤니케이션 창구 역할을 하다 보니 외국어 역량을 자연스럽게 키울 수 있었다. 월급도 받으면서 커리어도 쌓을 수 있다고 생각하니 격무에도 힘이 났다.

박 과장은 자신의 손을 거치지 않은 일이 없을 정도로 인사팀에서 많은 경험을 쌓았다. 시간이 지나면서 전문성, 문제해결 능력, 외국어 능력, 인적네트워크 등 여러 가지 요소를 갖추게 되었다. 대리 3년차가 되면서 헤드헌터로부터 자주 연락을 받았다. 지인들이 헤드헌터들에게 박 과장을 추천한 것이다. 열심히 맡은 일만 했을 뿐인데 지인들의 추천으로 헤드헌터에게 연락도 받으니 기분은 좋았다.

6년차가 되면서 매너리즘이 찾아왔다. 관련 업계는 좁고, 업무 경험을 확장하기엔 이미 많은 경험을 쌓았다. 박 과장은 헤드헌터로부터 외국계 대기업 입사를 권유받았다. 원하던 직급을 얻고 연봉도 높여서 이직에 성공했다. 그는 전 직장에서 쌓은 경험과 커리어, 훌륭한 태도를 바탕으로 새로운 기업에서 자신의 역량을 펼치고 있다.

지금 다니는 직장에서 당신은 어떤 생각을 하면서 일을 하고 있는가? 주어진 일만 하면서 퇴근시간만을 기다리고 있지는 않은가? 월급 받은 만큼만 일해야겠다고 생각하고 있는 건 아닌가? 직장생활의 의미를 생각해보라. 직장에서는 눈에 보이지 않지만 월급 이상의 가치를 가진 경험과 커리어를 쌓을 기회가 풍부하다. 직장에서 쌓은 경험과 커리어는 직장을 나와서도 수익을 올릴 수 있는 디딤돌이 된다. 지금 당신이 하는 일에서 전문성을 높이고 새로운 경험을 쌓는 전략적 커리어 개발에 몰입하라.

지금 부서에서 뼈를 묻을 각오로 일해도 좋고, 적성과 흥미가 없다면 다른 부서로 옮겨서 일해도 좋다. 지금의 회사에서 미래를 찾을 수 없다면 과감히 다른 방법을 고민하는 것도 좋다. 밖에서 보이지 않는 빙산의 아랫부분에 집중하라. 직장은 커리어를 쌓고 전문성을 높일 수 있는 보물창고다. 직장에서 도움이 되지 않는 경험은 없다. 아무리 하찮아 보이는 일, 실패한 경험도 소중한 자산이다. 실패의 경험에서 얻어낸 교훈은 자신의 성장 스토리에 반영하면 된다.

지금 직장에서 당신이 하고 있는 일을 분해하고, 재조합하라. 전문성을 높일 수 있는 커리어 개발에 몰입한다면 어느새 시장에서도 통하는 당신만의 무기를 손에 넣을 것이다.

07

직장을 넘어
직업을 가져라

직업을 만드는 일은 한 개의 연금을 드는 것
보다 중요하다. _김호('더랩에이치' 대표)

직장 내 사망선고와도 같은 퇴사 통보

국내 대기업 계열사에 근무하는 박 상무의 이야기다. 1980년 후
반 입사한 박 상무는 열정과 배짱 하나로 묵묵히 회사 일을 수행했
다. 새벽 별을 보며 출근해서 저녁 별을 보며 퇴근하는 일상이 이
어졌다. 사원 시절부터 아무것도 모르는 상태에서 하나씩 회사 일
을 배워나가면서 일하는 재미를 느꼈다.

국가의 산업발전과 경제성장을 등에 업고 회사도 해마다 성장했
다. 공장에 일감은 넘쳐났으며, 일손이 모자라서 초과근무는 계속
되었다. 몸은 고달팠지만 회사와 같이 성장한다는 기쁨에 피곤함
도 잊었다. 회사의 성장이 곧 나의 성장이라고 굳게 믿고 힘들었지

만 묵묵히 회사생활을 이어갔다.

입사 10년차가 될 쯤 주변동료들이 하나둘씩 회사를 그만두기 시작했다. 외주확대 정책과 함께 모기업으로부터 제품을 주문받아 납품하는 협력업체를 하나씩 차려서 퇴직했다. 꽤 많은 동료들이 외주업체를 세우고 대표이사가 되어 박 상무의 회사에 납품하기 시작했다. 박 상무는 문제를 해결하고 조직을 관리하며, 회사로부터 승진과 급여 인상의 선물을 받았다.

박 상무는 10년, 15년, 20년 근속할수록 몸과 마음은 바빴지만 책임감과 열정으로 버텼다. 드디어 회사생활의 별이라고 불리는 임원자리에도 올랐다. 입사할 때부터 꿈꾸던 임원이 되자 회사로부터 더 많은 혜택을 받았다. 선배들의 축하와 후배들의 존경을 받을 수 있는 임원. 동경의 대상인 임원이 되면서 몸은 덜 바빴지만 마음은 늘 불안했다. 해마다 성과평가를 통해 퇴출여부를 결정 받는 임원의 숙명은 피할 수 없었다. 실무업무는 줄었지만 조직관리, 인사관리, 대외협력업무 등 관리업무는 더 늘어났다.

임원에 오르고 3년이 지나면서 회사의 경영상황이 나빠졌다. 연말 대대적인 인적쇄신이 있을 거란 소문이 돌았다. 박 상무가 속한 조직도 예외는 아니었다. 사장실에 불려간 박 상무는 면담을 통해 퇴직 통보를 받았다. 지난 30년간 회사를 위해 헌신하고 뛰어온 시절이 파노라마처럼 지나갔다. 배신감과 서운함, 여러 가지 감정이 복받쳐 올랐다. 박 상무는 퇴직통보를 받고 충격을 다스릴 겨를도 없이 회사를 떠나야 했다. 끝까지 충성할 것만 같았던 부하직원들은 이전과 다른 눈빛으로 박 상무에게 작별인사를 건넨다.

가족과 떨어져 주말부부로 지낸 박 상무는 퇴사 통보를 받았다는 이야기를 아내에게 어떻게 꺼내야 할지 두렵기만 하다. 일찍이 회사를 그만두고 외주업체를 세운 동료들이 부러웠다. 대기업에서 임원까지 했지만 당장 회사를 그만두면 무엇을 해야 할지 막막하다.

모아둔 돈으로 어떻게든 버텨보겠지만, 아무 일 없이 지내기엔 남은 인생이 길다. 30년간 회사에 파묻혀 지내느라 무엇을 원하는지 무엇을 잘하는지 생각해볼 겨를조차 없었다. 오직 회사만을 위해 헌신한 30년이었다. 박 상무는 이제부터 무엇을 해야 할지 찾아야 했다. 대기업의 임원까지 했는데 협력사에서 근무하기엔 자존심이 허락하지 않았다. 이제 50대인데 남은 30년을 무슨 일을 하며 먹고 살아야 할지 고민은 깊어진다.

정 과장은 요즘 출근하기가 무섭다. 사무실 공기는 무겁고, 회사가 희망퇴직을 공고하면서 직원들은 삼삼오오 모여 소식을 나누기 바쁘다. 몇 개월 전부터 회사 내부에 돌고 있는 소문이 회사의 희망퇴직 공고로 공식화되었다. PC에서 희망퇴직 공고문을 두 눈으로 확인한 정 과장도 걱정이 앞서긴 마찬가지다. 동료들 모두 일이 손에 안 잡힌다고 한다. 누가 희망퇴직을 신청할 것인지부터 몇 명까지 나가야 하는지 공개된 정보는 없다.

'설마 내가 희망퇴직 대상자로 선정될까?'

'회사를 떠나도 자신만의 무언가로 수익을 만들어낼 수 있는 사람들이 있을까?'

'어떤 직급에서 가장 많이 신청할까? 회사가 어렵다는데 앞으로

미진은 있는 깃일까?'

회사는 무성한 소문에 휩싸였다.

미리 예약된 회의실에 임원이 먼저 자리 잡고 있다. 회의실에 누군가 노크를 하고 들어간다. 무슨 얘기를 하고 나오는지는 모르겠으나, 나오는 사람들의 표정은 매우 어둡다. 모두가 예상한 불편한 이야기를 하고 나온 것인가. 내일은 누가 회의실로 불려 들어갈지에 모두가 촉각을 곤두세우고 있다. 설마 나는 아닐 거라고 애써 침착해보려 하지만 이번에는 과거와 달랐다. 수백 명의 직원이 자의로, 타의로 짐을 싸서 회사를 떠났다.

정 과장은 떠나는 동료들의 눈물을 보며 만감이 교차했다. 살아남았다는 안도감보다 동료에 대한 미안함, 미래에 대한 걱정에 불면증까지 찾아왔다. 오늘도 퇴직 인사 메일이 사서함을 채운다.

한 차례 희망퇴직이 지나가고, 직원들은 예전의 분위기를 되찾고 있었다. 예전과 같은 분위기로 돌아가긴 힘들겠지만 일상의 모습은 천천히 회복되고 있다. 이번 희망퇴직은 무사히 넘어갔지만, '언젠간 나도 대상자가 될 수 있다'는 불안한 생각은 마음속 깊이 자리 잡았다.

연차가 낮은 직원들도 나름대로 미래에 대한 불안감이 있고, 연차가 높은 고참 선배들은 다음번 구조조정 때 1순위가 될 거라는 비관적인 생각에 한숨만 쉰다. 앞으로 어떤 일을 해야 할지, 이 회사에 남아 있는 것이 맞는지 흔들린다. 현재 부서에서 어떤 전문성을 쌓을 수 있는지, 회사를 그만두고 공무원 준비를 해야 하는 게 아닌지 모든 가능성을 열어두고 있다. 정 과장도 같은 고민을 하며 오늘도 정신없이 하루를 보내고 있다.

불확실성의 시대, 나만의 직업을 만들어라
—

불확실성이 어느 때보다 커진 시대다. 회사는 늘 위기를 외치며, 직원들은 고용불안에 떨고 있다. 허울뿐인 60세 정년은 그림의 떡과 같다. 조직에 속한 직장인들은 누구를 위해, 무엇을 위해 일을 하는가? 상사의 평가에 의해 직장인의 운명은 결정된다. 만약 결혼한 가장이 회사에서 갑자기 퇴직을 당한다면 같이 생활하는 가족들까지 생계에 지장을 받게 된다. 그만큼 상사로부터 인정받고 평가를 잘 받는 것은 직장생활에서 매우 중요한 요소다.

그렇다면 '상사에게 인정받는 것이 최선일까?'라는 생각을 해본다. 상사에게 인정받으면 나의 전문역량은 높아지는 것인가?

능력이 뛰어난다고 회사를 오래 다닐 수 있는 것은 아니다. 그렇다고 능력이 떨어진다고 회사에서 버림받는 것도 아니다. 정해진답은 없다. 확실한 것은 역량과 태도가 뛰어난 사람은 그렇지 않은사람보다 회사생활을 더 오래할 수 있는 확률이 높다는 점이다. 뛰어난 사람도 언젠가는 회사를 떠나야 한다. 회사가 먼저 무너지든본인이 먼저 버림받든 오너가 아닌 이상 누구나 회사에서 나와야한다. 전문경영인이든, 임원이든 직급, 연차를 막론하고 말이다. 그시기만 모두 다를 뿐이다.

252

빅데이터(Big data) 전문가인 다음소프트 송길영 부사장은 직장의 미래와 기업의 조직형태에 대해서 이렇게 얘기했다.

"조직에서 무임승차자들이 빠지면서 장기적으로 정규직 고용형태의 월급쟁이들이 크게 줄어들 겁니다. 반면 자기 전문성, 브랜드를 가진 프리랜서들이 늘어날 거고요. 이런 추세는 이미 현실에서 일어나고 있습니다. 먼 미래의 일이 아니에요. 자기 능력대로 기업과 계약을 맺어 언제 어디에서든 일만 하면 되는 프리랜서들이 주위에 진짜 많아졌어요. 이 현실 속에서 기업 조직은 그저 돈을 버는 '플랫폼'이자 협력자에 불과해요. 기업조직 자체가 인생의 꿈이자 목적이 되면 망해요. '내 꿈은 S기업이다' 이런 생각을 버리세요. 새로운 흐름은 덕후입니다. 덕후는 나를 보호해줄 조직이 필요 없는 사람이에요. 또 내 기술력과 전문성이 있으면 학벌 따위는 중요하지 않습니다."

송길영 부사장은 자신만의 업(業)을 만들어야 한다고 강조한다. 어느 기업에 들어가는 게 목표가 아닌 자신만의 업이 완성될 때 나를 비롯한 가족을 지킬 수 있는 힘이 생긴다고 말한다.

직장을 다니면 얻는 혜택이 많다. 4대 보험, 매월 나오는 급여, 사회적 지위, 회사의 인지도 등 개인이 삶을 영위할 수 있는 최소한의 안전망을 제공받는다. 하지만 시대는 빠르게 변화된다. 직장이 개인과 가족의 안정을 보장해주는 시대는 이미 끝났다. 대기업도 하루아침에 주저앉는 시대다.

'기술력과 전문성'으로 자신만의 브랜드를 구축할 수 있는 방법을 모색하라. 그것이 바로 회사 안과 밖에서 생존할 수 있는 능력이다.

한국사회는 IMF 전과 후로 나누어 볼 수 있다. IMF를 기점으로 직장에 대한 인식이 크게 바뀌었기 때문이다. IMF 전까지 직장은 한 번 들어가면 평생 다니는 곳이며, 직장이 곧 나라는 인식이 있었다. 하지만 IMF를 겪으면서 이런 인식은 완전히 변했다. 최고 직장의 조건은 고용안정성이 되었다. 공무원, 공기업, 교직원 등 안정성이 높으며 오래 다닐 수 있는 직장이 최고의 직장이 되었다. 명문대생도 9급 공무원을 준비하는 세상이다. 예전 같으면 상상도 못할 일들이 벌어지고 있다.

큰 기업일수록 업무는 분업화되고 쪼개져 있다. 게다가 기업에서 고부가가치 업무영역을 제외한 나머지 업무를 아웃소싱 하고 있다. 인공지능을 앞세운 4차산업혁명의 기술혁신은 사람의 일자리를 위협하고 있다. 공장의 자동화라는 마지막 카드를 사용하기 위해 경영자들은 고심하고 있다. 중국을 비롯한 경쟁주자들의 가격공세와 기술추격에 기업들은 샌드위치 신세다. 직장을 그만두었을 때 자신이 무엇을 할 수 있으며 어떤 가치를 세상에 제공할 수 있을지 끊임없이 찾아내고 발굴해야 한다.

가치를 만들어내는 일을 찾았다면 최고의 전문가가 될 수 있도록 배우고 개발하라. 직업의 영역으로 끌어올려 수익을 창출할 수 있는 수준이 될 때까지 부단히 노력하라. 직업을 가졌다면 적은 수익이라도 혼자 만들어낼 수 있다. 시작은 작지만 직업이 생기면 성장 가능성은 무한대다. 자신의 영역에서 최고를 향해 달려가면 된다. 직업을 만드는 데 시간과 열정을 쏟아라.

지금 일하고 있는 직장과 관련된 직업을 가질 수 있으면 제일 좋다. 직장에 일하러 오는 것이 아니라 배우러 오기 때문에 하루하루가 소중해진다. 직장에서 맡은 업무를 전문화할 수 있고 회사의 성장에 기여할 수도 있다.

어느 학자는 사회적 독립이라는 말에 대해 이렇게 정의했다.

"조직이나 직장에 속하지 않고 기술이나 가치를 제공해서 수익을 창출할 수 있는 상태."

홀로 세상에 던져졌을 때 살아남을 수 있는 직업을 만드는 일에 올인하라.

마치는 글

　오늘도 어김없이 직장에 출근해서 상사의 지시를 받고 일하고 있는 이 시대 직장인들이 조금이라도 주도적인 직장생활을 하는데 도움을 주고 싶다. 직장을 오래 다녀야 하든, 직장을 떠나고 싶든 직장인은 자신만의 목적에 맞게 직장을 사용할 때 타인의 시선에서 좀 더 자유로워지고 오직 나 자신을 위한 직장생활을 할 수 있다. 직장에서 이용당하기보다 직장을 내가 사용한다는 생각을 가지고 일할 때 목적에 맞는 커리어를 개발할 수 있다.

　'내일은 또 어떤 일이 기다리고 있을까?', '상사는 나에게 어떤 업무지시를 할까?', '주어진 일만 끝내고 퇴근해야지' 등 직장인은 시간이 갈수록 점점 능동적 사고를 잃어가게 된다. 지시받고 보고하는 프레임 속에 갇혀 스스로 창조적인 무언가를 만들어 추진하는 법을 잊어버리고 있는지 생각해볼 필요가 있다. 직장을 다니면 소유주가 아닌 이상 상사의 지시로부터 자유로울 순 없다. 직급이 달라져도 지시받는 대상과 보고하는 대상만이 달라질 뿐 지시받는 것은 변함없다. 주도적으로 직장생활을 하고자 하는 마음이 없는 상태라면 수직적인 직급체계 속에서 지시받은 일만 하며 직장생활을 보내게 될 것이다.

인생은 곧 시간이다. 인생에서 소중한 시간들은 직장생활로 채워진다. 20대 후반에 입사했던 기억이 엊그제인데 벌써 50대가 되었다고 아쉬워하는 부장님의 푸념을 보면 시간은 화살이라는 말이 실감난다. 시간은 소중하다. 매일 출근하는 직장에서 어떻게 일하고 어디로 달려가고 있는지 자신을 한 번 돌아보자. 일하는 방법과 목적지에 대한 고민 없이 막연히 내 자리를 오래 지키려고 하진 않았는지, 월급 받는 만큼만 일해야겠다고 생각하고 있는 건 아닌지, 무작정 다른 일을 찾기만 하려고 한건 아닌지 생각해보라.

책을 쓰면서 지난 10년의 직장생활 기억을 한 조각씩 꺼내 보는 일은 즐거웠다. 처음 입사한 순간부터 웃고, 힘들고, 보람된 기억의 순간은 또렷하게 나의 기억 한 자리를 차지하고 있었다. 자기계발 서적을 읽으며 슈퍼직장인의 기준에 나를 맞추려고만 했던 과거에 대해서도 반성할 수 있었다. 글을 쓰며 지난 생각을 정리할 수 있었고, 질문을 던지고 생각해볼 수 있었다.

- 내가 진정 원하는 건 무엇인가?
- 나는 그동안 무슨 생각을 하면서 직장을 다녔을까?
- 나는 어떤 일을 했을 때 보람을 느끼고 있는가?

- 나는 어디로 달려가고 있는가?
- 나는 지금 성장하고 있는가?

완벽한 정답은 없다. 하지만 책을 통해 앞으로의 진로를 계획하고 직장생활에서도 직업의 의미를 생각해볼 수 있는 계기가 되었으면 좋겠다. 직장인의 행동가이드에 대한 자기계발서적은 많이 있다. 이 책은 어느 직장인의 성공담을 얘기하지 않는다. 다양한 직장인들의 사례, 경험을 토대로 직장에서 조금 더 인정받으며, 직장생활이 인생에서 어떤 의미를 가지며, 직장을 어떤 관점으로 바라봐야 되는지에 대해 이야기한다.

직장인의 일상은 회사를 중심으로 흘러간다. 상사의 지시를 받아 업무를 추진하고 보고하는 일상을 반복한다. 한 번쯤 생각을 해보자. 나는 누구를 위해 일하는가? 상사를 위해? 회사를 위해? 가족을 위해? 직장인들이 직장을 지속적으로 다닐 수 있게 하는 동력은 무엇일까?

여러 가지가 있겠지만 한 가지 단어를 고르라면 '성장'이란 단어를 첫 손에 꼽고 싶다. 직장인은 결국 누구나 성장하고 싶고 동료의 인정을 거름 삼아 클 수 있다. 인정받고 성장하는 직장인은 조직에 대한 애착도, 업무에 대한 자부심도 높다. 인정은 어디서 오는가? 성장하고 인정받고자 하는 욕구는 인간의 본능이다. 좀 더 다른 관점에서 당신 스스로 인정할 때까지 일하는 건 어떨까? 내가 원하는 수준까지 일을 했을 때 스스로를 인정할 수 있다.

직장인은 자본주의가 만들어낸 거대한 시스템 속에서 일을 한다. 시스템은 쉬지 않고 가동되어야 한다. 직장인은 시스템을 가동시키기 위해 자신이 맡은 작은 한 조각의 퍼즐을 쉼 없이 맞춰나간다. 그들은 오늘도 퍼즐을 완성하기 위해 동분서주한다.

주어진 퍼즐을 잘 맞추는 것도 좋지만, 퍼즐이 완성되었을 때의 모습, 퍼즐 전체의 그림을 볼 수 있는 통찰이 있어야 한다. 때로는 완성된 퍼즐 밖에서 자신이 가고 있는 길, 자신이 원하는 길에 대해 진지하게 조망할 수 있는 시간을 가져야 한다. '1만 시간의 법칙'도 제대로 된 방향 설정이 없으면 성공할 수 없다.

개인이 바꿀 수 없는 거대한 자본주의 시스템 속에서 조금이라도 주도적인 직장생활을 하기 위해서는 직장인들이 추구하는 방향에 맞게 회사를 적극적으로 사용했으면 좋겠다. 쉽게 읽히는 책이 되도록 그동안의 경험과 사례를 수집하고 생각을 담았지만 턱없이 부족하다.

이 책을 읽은 분들이 일을 하면서 주도적인 직장생활을 할 수 있다는 자신감을 조금이라도 갖게 되길 바란다.

부동산/재테크/창업

나창근 지음 | 15,000원
302쪽 | 152×224mm

나의 꿈,
꼬마빌딩 건물주 되기

'조물주 위에 건물주'라는 유행어가 있듯이 건물주는 누구나 한 번은 품어보는 달콤한 꿈이다. 자금이 없으면 건물주는 영원한 꿈일까? 저자는 현재와 미래의 부동산 흐름을 읽을 줄 아는 안목과 자기 자금력에 맞춘 전략, 꼬마빌딩을 관리할 줄 아는 노하우만 있으면 부족한 자금을 충분히 상쇄할 수 있다고 주장한다. 또한 액수별 투자전략과 빌딩 관리 노하우 그리고 건물주가 알아야 할 부동산지식을 알기 쉽게 설명한다.

박갑현 지음 | 14,500원
264쪽 | 152×224mm

월급쟁이들은 경매가 답이다
1,000만 원으로 시작해서 연금처럼 월급받는 투자 노하우

경매에 처음 도전하는 직장인의 눈높이에서 부동산 경매의 모든 것을 알기 쉽게 풀어낸다. 일상생활에서 부동산에 대한 감각을 기를 수 있는 방법에서부터 경매용어와 절차를 이해하기 쉽게 설명하며 각 과정에서 꼭 알아야 할 중요사항들을 살펴본다. 경매 종목 또한 주택, 업무용 부동산, 상가로 분류하여 각 종목별 장단점, '주택임대차보호법' 등 경매와 관련되어 파악하고 있어야 할 사항들도 꼼꼼하게 짚어준다.

나창근 지음 | 15,000원
296쪽 | 152×224mm

꼬박꼬박 월세 나오는
수익형부동산 50가지 투자비법

현재 (주)리치디엔씨 이사, (주)머니부동산연구소 대표이사로 재직하면서 [부동산TV], [MBN], [한국경제TV], [KBS] 등 방송에서 알기 쉬운 눈높이 설명으로 호평을 받은 저자는 부동산 트렌드의 변화와 흐름을 짚어주며 수익형 부동산의 종류별 특성과 투자노하우를 소개한다. 여유자금이 부족한 투자자도, 수익형 부동산이 처음인 초보 투자자도 확실한 목표를 설정하고 전략적으로 투자할 수 있는 혜안을 얻을 수 있을 것이다.

이형석 지음 | 18,500원
416쪽 | 152×224mm

빅테이터가 알려주는 성공 창업의 비밀
창업자 열에 아홉은 감으로 시작한다

국내 1호 창업컨설턴트이자 빅데이터 해석 전문가인 저자가 빅데이터를 통해 대한민국 창업의 현재를 낱낱이 꿰뚫어 보고, 이에 따라 창업자들이 미래를 대비할 수 있는 전략을 수립하게 한다. 창업자는 자신의 창업 아이템을 어떤 지역에 뿌리를 두고, 어떤 고객층을 타깃화해서 어떤 비즈니스 모델을 정할 것인지 등 일목요연하게 과학적으로 정리해 볼 수 있을 것이다.

김태희 지음 | 18,500원
412쪽 | 152×224mm

불확실성 시대에 자산을 지키는
부동산 투자학

부동산에 영향을 주는 핵심요인인 부동산 정책의 방향성, 실물경제의 움직임과 갈수록 영향력이 커지고 있는 금리의 동향에 대해 경제원론과의 접목을 시도했다. 따라서 독자들은 이 책을 읽으면서 부동산 투자에 대한 원론적인, 즉 어떤 경제여건과 부동산을 둘러싼 환경이 바뀌더라도 변치 않는 가치를 발견하게 될 것이다.

이재익 지음 | 15,000원
319쪽 | 170×224mm

바닥을 치고 오르는
부동산 투자의 비밀

이 책은 부동산 규제 완화와 함께 뉴타운사업, 균형발전촉진지구사업, 신도시 등 새롭게 재편되는 부동산시장의 모습을 하나하나 설명하고 있다. 명쾌한 논리와 예리한 진단을 통해 앞으로의 부동산시장을 전망하고 있으며 다양한 실례를 제시함으로써 이해를 높이고 있다. 이 책은 부동산 전반에 걸친 흐름에 대한 안목과 테마별 투자의 실전 노하우를 접할 수 있게 한다.

김태희, 동은주 지음
17,000원
368쪽 | 153×224mm

그래도 땅이다
불황을 꿰뚫는 답, 땅에서 찾아라

올바른 부동산투자법, 개발호재지역 투자 요령, 땅의 시세를 정확히 파악하는 법, 개발계획을 보고 읽는 방법, 국토계획 흐름을 잡고 관련 법규를 따라잡는 법, 꼭 알고 있어야 할 20가지 땅 투자 실무지식 등을 담은 책이다. 이 책의 안내를 따라 합리적인 투자를 한다면 어느새 당신도 부동산 고수로 거듭날 수 있을 것이다.

최종인 지음 | 14,500원
368쪽 | 153×224mm

춤추는 땅투자의
맥을 짚어라

이 책은 땅투자에 대한 모든 것을 담고 있다. 땅투자를 하기 전
기초를 다지는 것부터 실질적인 땅투자 노하우와 매수·매도할
타이밍에 대한 방법까지 고수가 아니라면 제안할 수 없는 정보
들을 알차게 담아두었다. 준비된 확실한 정보가 있는데 땅투자
에 적극적으로 덤비지 않을 수가 없다. 이 책에서 실질적 노하
우를 얻었다면 이제 뛰어들기만 하면 될 것이다.

주식/금융투자

북오션의 주식/금융 투자부문의 도서에서 독자들은 주식투자 입문부터 실전 전
문투자, 암호화폐 등 최신의 투자흐름까지 폭넓게 선택할 수 있습니다.

최기운 지음 | 18,000원
424쪽 | 172×245mm

10만원으로 시작하는
주식투자

4차산업혁명 시대를 선도하는 기업의 주식은 어떤 것들이 있을
까? 이제 이 책을 통해 초보투자자들은 기본적이고 다양한 기
술적 분석을 익히고 그것을 바탕으로 향후 성장 유망한 기업에
투자할 수 있는 밝은 눈을 가진 성공한 가치투자자가 될 수 있
다. 조금 더 지름길로 가고 싶다면 저자가 친절하게 가이드 해
준 몇몇 기업을 눈여겨보아도 좋다.

박대호 지음 | 20,000원
200쪽 | 170×224mm

암호화폐 실전투자 바이블
개념부터 챠트분석까지

고수익을 올리기 위한 정보취합 및 분석, 차트분석과 거래전략
을 체계적으로 설명해준다. 투자자 사이에서 족집게 과외·강
연으로 유명한 저자의 독창적인 차트분석과 다양한 실전사례
가 성공투자의 길을 안내한다. 단타투자자는 물론 중·장기투자
자에게도 나침반과 같은 책이다. 실전투자 기법에 목말라 하던
독자들에게 유용할 것이다.

최기운 지음 | 15,000원
272쪽 | 172×245mm

케.바.케로 배우는 주식
실전투자노하우

이 책은 전편 『10만원 들고 시작하는 주식투자』의 실전편으로 주식투자 때 알아야 할 일목균형표, 주가차트와 같은 그래프 분석, 가치투자를 위해 기업을 방문할 때 다리품을 파는 게 정상이라고 조언하는 흔히 '실전'이란 이름을 붙인 주식투자서와는 다르다. 주식투자자들이 가장 알고 싶어 하는 사례 67가지를 제시하여 실전투자를 가능하게 해주는 최적의 분석서이다.

곽호열 지음 | 19,000원
244쪽 | 188×254mm

초보자를 실전 고수로 만드는
주가차트 완전정복

이 책은 주식 전문 블로그 〈달공이의 주식투자 노하우〉의 운영자 곽호열이 예리한 분석력과 세심한 코치로 입문하는 사람은 물론 중급자들이 놓치기 쉬운 기술적 분석을 다양하게 선보인다. 상승이 예상되는 관심 종목 분석과 차트를 통한 매수·매도 타이밍 포착, 수익과 손실에 따른 리스크 관리 및 대응방법 등 주식시장에서 이기는 노하우와 차트기술에 대해 안내한다.

아오키 토시오 지음 | 김태희 옮김
12,000원 | 200쪽
150×210mm

만화로 배우는
주식투자의 심리학

이 책에서는 투자자가 직면할 수 있는 38가지 상황을 만화로 표현했다. 아무것도 모르고 시작한 투자에서 돈을 벌고 나면 이후부터 투자에 자신이 생겨서 마치 중독처럼 투자를 하게 된다는 이야기다. 38가지 이야기와 이에 따른 이론들을 챙겨 읽으면 스스로를 통제할 수 있는 힘이 생겨서 지지 않는 투자를 하게 될 것이다.

정광옥 지음 | 17,000원
312쪽 | 171×225mm

600원으로 시작하는 주식투자 첫걸음
신문에서 배우는 왕초보 주식투자

신문 기사 분석을 통해 초보 투자자들이 흔히 범하기 쉬운 실수를 소개하고, 실패를 최소화하는 방법을 알려준다. 저자는 성급하게 뛰어들기보다는 장기적으로 가치 투자와 분산투자를 기본으로 생각하라고 일러준다. 또한 기업 분석법, 매매 기법 등을 설명하면서 각 사례에 해당되는 신문 기사를 보여준다. 다만 투자자의 눈으로 읽으라는 충고를 잊지 않는다.